SYRIA INCOGNITA?

SYRIA INCOGNITA?

Het verborgen verleden van de Syrische kuststreek

Redactie
Glenn De Nutte, Elise Duflou,
Hendrik Hameeuw, Dries Van Langendonck

Met bijdragen van:
Leila Badre, Celine Brantegem, Joachim Bretschneider,
Jordi Bruggeman, Tom Brughmans, Tom Coenegrachts,
Valerie De Marie, Glenn De Nutte, Elise Duflou, Eric Gubel,
Hendrik Hameeuw, Willem Hantson, Andy Hilkens, Saskia Hornikx,
Wim Knaepen, Natasja Reyns, Leslie Taelemans,
Dries Van Langendonck, Karel Van Lerberghe,
Marijke Van Looy, Wesley Verstraeten

PEETERS
LEUVEN
2008

Coverillustraties:
– Detail uit de kaart "The East. Drawn by Mr d'Anville for Rollin's Antient History" uit 1739, gegraveerd door Emanuel Bowen, koper gravure.
– Stilistische weergave van een stempel van een boot op een handvat van een kruik uit de Late Bronstijd, afkomstig uit Tell Tweini.

© Peeters, Bondgenotenlaan 153, 3000 Leuven
D. 2008/0602/69
ISBN 978-90-429-2079-8

INHOUD

VOORWOORD

De Mediterrane Wereld heeft in de loop van de geschiedenis vele hoogtepunten gekend. In haar schoot ontstonden bijzondere en grootste culturen en rijken, denk maar aan de Minoïsche beschaving, de Feniciërs of het Romeinse Rijk. Dankzij deze rijkdom, staan de Mediterrane kusten al lang in de belangstelling van archeologen, maar lang niet alle regio's zijn even intensief onderzocht.

Syrië kan met recht en rede beschouwd worden als een bakermat van de beschaving en probleemloos wedijveren met de Mesopotamische, Anatolische en Egyptische beschavingen. Syrië vat met haar archeologische resten alle grote etappes van de geschiedenis van het Nabije Oosten samen. De moderne steden Damascus en Aleppo behoren tot de oudste steden in de wereld en in het binnenland spreken ruïnesteden als Palmyra tot op vandaag tot de verbeelding van reizigers. De Syrische kuststrook is minder bekend gebied, toch herbergt het enkele archeologische en culturele schatten.

Het verleden van de kuststrook wordt er onder meer verhaald in de alfabetische spijkerschriftteksten teruggevonden te Ugarit, het Romeinse theater van Jebleh en de beroemde ridderforten zoals Krak des Chevaliers en Qal'at Salah ad-Din, getuigenissen van de strijd van de kruisvaarders.

In het licht van de recente Belgische interdisciplinaire inspanningen, te Jebleh – Tell Tweini (K.U.Leuven) en Tell Kazel (KMKG), langs de Syrische kust groeide onder de studenten van de Leuvense kring ALFA het idee om hun jaarlijkse tentoonstelling te wijden aan deze regio. Materiële resten worden in hun historisch kader geplaatst en per thema behandeld.

De bereidwillige samenwerking van het KMKG (Koninklijke Musea voor Kunst en Geschiedenis), het Penningkabinet, de afdelingen Oude Nabije Oosten en Archeologie van de K.U.Leuven, het Nationaal Tabaksmuseum, het Gallo-Romeins Museum en de Universitaire Centrale Bibliotheek maakten het uitwerken mogelijk en zorgden voor de nodige ondersteuning.

Deze publicatie werd samengesteld om de nodige achtergrond te geven bij de rijke geschiedenis van de Syrische kustregio. Voor de druk en lay out zijn wij uitgeverij Peeters zeer erkentelijk.

Als coördinatoren van Syria Incognita? willen wij de onderzoekers van Tell Kazel, dr. Eric Gubel en dr. Leila Badre en van Tell Tweini – Jebleh, dr. Joachim Bretschneider en dr. Karel Van Lerberghe, bedanken voor hun bijdrage.

Daarnaast bedanken we alle studenten archeologie die de artikels over de geschiedenis en de materiële resten van de Syrische kustregio verzorgd hebben.

GLENN DE NUTTE, ELISE DUFLOU EN DRIES VAN LANGENDONCK
Coördinatieteam Syria Incognita?

SYRIA INCOGNITA?

Het verborgen verleden van de Syrische kuststreek

Vanuit geografisch en cultureel perspectief ligt de kuststreek van Syrië op een kruispunt tussen Oost en West. Sinds de steentijden vestigden mensen er zich langs de belangrijkste handelsroutes van hun tijd. Toch duurt het tot de Bronstijd voor er zich grote, permanent bewoonde nederzettingen ontwikkelen, de start van een rijk gevulde geschiedenis, waarvan talloze archeologische sites vandaag de stille getuigen vormen. Ze liggen te wachten op ontdekking, een taak die ook Belgische onderzoekers ter harte nemen.

Op ontdekking

Waar in Irak, het binnenland van Syrië en in de zuidelijke Levant al in de 19de eeuw de eerste archeologische projecten plaats vonden, waren het haast uitsluitend rapporten van reizigers die nota maakten van archeologische resten langs de moderne Syrische kust, zoals te Amrit, Jebleh en Lattakia. Dé uitzondering op deze regel, vormt het werk van *Ernest Renan*, die in 1860-61 een Franse missie naar Fenicië leidde en ondermeer actief was te Amrit en Arwad. Deze beperkte interesse veranderde voorgoed toen in 1928 een landbouwer te Minet el-Beida, ten noorden van Lattakia, op de restanten van een graf stootte, meteen de start van de eerste grote opgravingcampagne in de regio. Vrij snel verlegde het daar actieve, Franse team haar focus naar het nabij gelegen Ras Shamra, dat geïdentificeerd werd als het oude Ugarit, de hoofdstad van een belangrijk koninkrijk uit de Midden- en Late Bronstijd. De Franse inspanningen, o. l. v. *Claude Schaeffer*, leidden er tot de eerste goede inzichten in het materiële verleden van deze regio. Duizenden spijkerschifttabletten, die er tot op vandaag gevonden worden, laten ons toe het religieuze, economische en politieke leven van toen te reconstrueren.

Naast de blijvende inspanningen van de Fransen te Ugarit, maar ook te Ras el-Bassit en Ras ibn Hani, verrichtte een Deens team, o.l.v. *P. Riis*, in de jaren vijftig en zestig van de vorige eeuw in de Jebleh-vlakte een survey met opgravingen te Tell Sukas en sondages te Tell Daruk en Arab el-Mulk. Verder naar het zuiden, te Amrit, zet vanaf 1954 *M. Dunand* zijn, in 1926 begonnen, opgravingen verder.

Deze activiteiten zetten de kuststreek van Syrië op de archeologische kaart, doch, met uitzondering van Ugarit, concentreren de meeste grote onderzoeksprojecten zich naar het zuiden, en wel rond de Fenicische kernsteden Byblos – Sidon – Tyrus, met Alalakh in de Amuq vlakte meer naar het noorden of in het interland langs de Orontes en de Eufraat met haar zijrivieren, de Khabur en de Balikh, met sites als Hama, Ebla, Karkemish, Tell Halaf, Tell Brak, Habuba Kabira en Mari.

Een belangrijk deel van de Griekse en Romeinse overblijfselen bevinden zich, wegens de continuïteit van de bewoning, onder moderne Syrische stadscentra. In deze steden, worden ontdekkingen sinds de jaren vijftig gecoördineerd en opgegraven door de Syrische Dienst voor Antiquiteiten. Te Lattakia, het antieke Laodicea, zijn Romeinse resten, zoals het tetrapylon van Septimius Severus (eind 2de eeuw n. Chr.) en de Bacchus tempel, vandaag opgenomen in het moderne straatbeeld. De vele middeleeuwse burchten zoals Krak des Chevaliers, Qalaat Margab en Qalaat Salah ad-Din, het gevolg van bouwactiviteiten door Byzantijnen, Latijnse kruisvaarders en Arabieren op de heuvelruggen langs de kust, genieten sinds verschillende decennia doorgedreven restauratie en conservatie programma's. Vanuit drie departementen van de Syrische dienst voor Antiquiteiten – Lattakia, Jebleh en Tartus – worden op heden archeologische projecten gecoördineerd, bestaande uit zowel nationale als internationale teams.

Vlaktes van Akkar en Jebleh

Nieuwe gezamenlijke Syrisch - internationale impulsen in het archeologisch onderzoek langs de Syrische kust concentreren zich recentelijk vooral in de vlaktes van Akkar en Jebleh. Op de uitlopende flanken van het Libanongebergte, op de rand van de Akkar-vlakte in Libanon, graaft sinds de jaren zeventig een team o.l.v. *Jean-Paul Thalmann* de site van Tell Arqa op. Parallel met dit onderzoek, werd ook de volledige vlakte, de Opening van Homs genaamd, geprospecteerd door *Jean Sapin*, *Michel al-Maqdissi* en *Thalmann*. Dit gaf een nieuwe impuls aan de opgravingen te Tell Kazel, een project o.l.v. *Leila Badre* (American University of Beirut & Archaeological Museum) en *Eric Gubel* (Koninklijke Musea voor Kunst en Geschiedenis & V.U.B). Samen met de bevindingen in Tell Arqa werpen de resultaten van deze, gedeeltelijk Belgische, opgraving verrassend nieuw licht op de geschiedenis van de regio. Meer naar het noorden, in de Jebleh-vlakte (Gabla-vlakte) zijn sinds de jaren negentig van de vorige eeuw op verschillende fronten doorgedreven onderzoeksprojecten opgestart. In de stad Jebleh werd gefocust op de conservatie van het Romeinse theater, een samenwerking tussen ingenieurs van de Syrische dienst voor Oudheden en de Katholieke Universiteit Leuven (Raymond Lemaire International Centre for Conservation & Eenheid Syro-Mesopotamische Studies). De geïntegreerde prospectie, gedeeltelijke opgraving en conservatie van het theater zijn uniek, het is één van de best bewaarde Romeinse theaters langs de Levantijnse kust. In de vlakte rond Jebleh werden drie nieuwe opgravingen gestart o.l.v. Syrische en Syro-Belgische teams, Tell Iris (*Antoine Suleiman*), Tell Sianu (*Michel al-Maqdissi*) en Tell Tweini (*Michel al-Maqdissi* & *Karel Van Lerberghe*). Na het eerdere onderzoek te Tell Sukas leggen deze opgravingen een nieuwe basis voor de kennis van de Jebleh-vlakte en haar wijde omgeving.

Deze Belgische archeologische inspanningen langs de Syrische kust waren voor de studenten archeologie van de K.U.Leuven meteen een impuls om hun jaarlijkse tentoonstelling, editie 2008, aan deze minder bekende regio van Syrië te wijden. De auteurs en initiatiefnemers van dit werk – de studenten archeologie – weerleggen de titel, "Syria Incognita?", en beschrijven de kuststreek doorheen acht historische periodes, van het Neolithicum tot het einde van de Ottomaanse aanwezigheid, waarbij ze zich, per periode, telkens op één deelaspect van de samenleving toespitsen.

De initiatiefnemers, de auteurs, de professoren en assistenten die het totstandkomen van deze publicatie mogelijk gemaakt hebben, dank ik van harte.

HENDRIK HAMEEUW
Katholieke Universiteit Leuven

TELL TWEINI

1. De voorgeschiedenis

De onderzoekseenheid Nabije Oosten Studies is sinds 30 jaar actief in
Mesopotamië op archeologisch, filologisch en historisch gebied. Wegens
de dramatische gebeurtenissen in Irak diende de groep dit land in 1989
te verlaten. Heel snel daarna, startten de medewerkers een nieuw project
op in Noord-Oost Syrië. Samen met collega's van de Universiteiten van
Brussel en Münster werd de 3ᵉ millennium site Tell Beydar het voorwerp
van onderzoek. De opwindenste ontdekking op deze site was de vondst
van een 100-tal spijkerschrifttabletten uit ca. 2400 v. Chr., de oudste ontdekt in Syrië, geschreven in een tot dan toe onbekende, Semitische taal.
De initiatiefnemers en verantwoordelijken voor het Leuvense luik van
het project, Gabriella Voet en Karel Van Lerberghe, zijn echter gespecialiseerd in de filologie en archeologie van het 2ᵉ millennium v. Chr.
Wanneer, in 1998, de kans geboden werd door het Directoraat-Generaal
van Oudheden van Syrië om in de Jebleh-vlakte een archeologisch project op te zetten dat zou focussen op het 2ᵉ millennium, hebben beide
wetenschappers een kleine prospectie gehouden in de omgeving van
Jebleh. Deze prospectie wees uit dat de quasi onbekende site Tell Tweini
uitstekend geschikt was voor onderzoek en dit zowel om wetenschappelijke en logistieke redenen. Het enthousiasme dat Joachim Bretschneider
(voor de site Tell Tweini) en Koen Van Balen (voor het Romeins theater)
vertoonden voor het project werkte aanstekelijk. Dit in het bijzonder,
omdat scherven-onderzoek aantoonde dat de site bewoond was van in het
3ᵉ millennium tot aan de komst van Alexander de Grote. In samenspraak
met het Directoraat-Generaal voor Oudheden werd de concessie toegekend aan de K.U.Leuven en werden Dr. Michel al-Maqdissi en Dr. Karel
Van Lerberghe aangesteld als directeurs van de Syrisch-Belgische opgravingen terwijl aan Dr. Masoud Badawy en Dr. Joachim Bretschneider de
leiding op het terrein werd toevertrouwd. Een bijzonder woord van dank
verdient de toenmalige rector van de K.U.Leuven, Prof. Dr. Ir. André
Oosterlinck, voor het vertrouwen dat hij in onze onderzoeksploeg stelde
wanneer hij de Syrisch-Belgische overeenkomst ondertekende. Ook

kunnen we voor het onderzoek te Tweini steeds rekenen op de steun van onze huidige rector Prof. Dr. Marc Vervenne, als specialist in de Semitische talen nauw betrokken bij de culturen en godsdiensten van de Noordelijke Levant.

Ook ten opzichte van onze vertegenwoordigers in de Onderzoeksraad K.U.Leuven en FWO voelen we ons verplicht. Dankzij hen hebben we onderzoeksprojecten verkregen bij het Fonds voor Wetenschappelijk Onderzoek, het Onderzoeksfonds K.U.Leuven en de Interuniversitaire Attractiepolen.

2. Tell Tweini in de vlakte van Jebleh

Tell Tweini bevindt zich vlakbij de moderne stad Jebleh aan de Syrische kust. Deze stad ligt 28 kilometer ten zuiden van Lattakia en ongeveer 35 kilometer ten zuiden van de oude stad Ugarit, het huidige Ras Shamra. Jebleh ligt in een brede en vruchtbare vlakte en beschikt over een kleine vissershaven. Binnen de stadsgrenzen en in de onmiddellijke omgeving zijn heel wat antieke resten bewaard. Net ten oosten van de stad ligt de archeologische site van Tell Tweini, vermoedelijk het antieke Gibala. Jebleh zelf is gebouwd op de resten van de Fenicische en Romeinse stad Gabala; het Romeinse theater is daar een indrukwekkende getuige van.

Ten zuiden van Jebleh ligt de Akkar vlakte, waar sinds vele jaren de site Tell Kazel opgegraven wordt door onze collega's Eric Gubel en Leila Badre, respectievelijk Koninklijke Musea voor Kunst en Geschiedenis en American University of Beirut. Het spreekt voor zich dat de samenwerking met deze onderzoekers, die in het bijzonder vertrouwd zijn met de geschiedenis en archeologie van de Fenicische wereld, voor ons van onschatbare waarde is: in beide Noord-Levantijnse sites wisselden periodes van welvaart af met periodes van vernieling. Hiervan is de inval der zogenaamde 'Zeevolkeren' er zeker één die het meest intrigerend en enigmatisch is.

3. De opgravingen

Tell Tweini bevindt zich op nauwelijks één kilometer ten oosten van de bebouwde kom van Jebleh. De opgravingsheuvel ligt op het kruispunt van twee rivieren, de Nahr ar-Rumaila en de Nahr al-Fawwar. De Rumaila rivier loopt van de site naar een zandige baai net ten noorden

Fig. 1: Luchtfoto van Tell Tweini (© Tell Tweini Project)

van Jebleh, die zichtbaar is vanaf de punt van de tell. De heuvel is peer-vormig waarbij het smalste deel naar het westen wijst en heeft een totale oppervlakte van 11,6 hectare.

Dankzij de opgravingen in Tell Tweini weten we dat de stad al in het 3[de] millennium v. Chr. bewoond was. Sondages op veld A en B legden restanten uit de Vroege Bronstijd (ca. 2300 v. Chr.) bloot. De werk-zaamheden in deze sondages zijn nog niet afgerond, zodat mogelijk in de toekomst op nog oudere bewoningslagen zal gestoten worden, te meer omdat in de vlakte rond Jebleh resten gevonden zijn van neolithische occupatie (ca. 6[de] millennium v. Chr.).

Uit de Midden Bronstijd (1[ste] helft 2[de] millennium) zijn in relatie tot de domestieke structuren enkele spectaculaire graven gevonden. Een buitengewone vondst was een groot gemeenschappelijk graf uit ca. 1700 v. Chr., het bevatte de skeletten van 42 volwassenen en 16 kin-deren; 158 goed bewaarde keramieken potten, vazen en schalen, bron-zen pinnen en een figurine dienden als grafgiften. De eerste vermelding van de stad Gibala – heel waarschijnlijk de antieke naam van Tell Tweini – in een historische bron stamt uit de Late Bronstijd (2[de] helft 2[de] millennium v. Chr.) uit een tekst uit de archieven van Ugarit, te dateren tussen 1350 v. Chr. en de verwoesting van de stad door de Zeevolkeren rond 1200 v. Chr.

Tijdens de bronstijd was Gibala verbonden met de zee via een zee-arm; recent geomorfologisch en palynologisch onderzoek rondom Tell Tweini bracht dit aan het licht. Dat het antieke Gibala een havenstad was, is ook af te leiden uit de teksten van Ugarit.

Nog gedurende honderden jaren in het 1ste millennium v. Chr. waren voor Tweini en de nabij gelegen nederzettingen Tell Sukas – Suksu (6 km naar het zuiden) en Tell Sianu (7 km naar het oosten) zowel Fenicische, Aramese als Assyrische invloeden toonaangevend. Militaire operaties van de Assyriërs in de regio van Tweini zijn veelvuldig gedocumenteerd. De vernietigingslagen uit het stadsgebied van Tell Sukas door de veld-tochten van Salmanasser III in 858 of 844 v. Chr. kunnen hiermee in ver-binding gebracht worden. In 738 v. Chr. bereikte Tiglatpileser III, op veldtocht in het westen, de Middellandse Zee en zo ook Gibala in het land van Hamat. De talrijke militaire activiteiten kunnen gezien worden als een teken dat de politieke en economische invloed van de Jebleh-vlakte hoog aangeschreven stond, waarbij de driehoek Gibala – Suksu – Sianu fungeerde als de dominante handelszone tussen de Oost-Egeïsche en de Nabije Oosterse leefwereld.

Na de verstoringen aan het einde van de Late Bronstijd, kunnen er in Tell Tweini aan het begin van IJzertijd II (ca. 950 v. Chr.) vernieuwde grootschalige bouwactiviteiten uit de archeologische opgraving herkend worden. Urbane structuren bedekken, zoals in de Late Bronstijd, terug het ganse oppervlak van de tell. Dankzij de uitvoering van een geomag-netische prospectie, zijn de bewoningsfasen van de IJzertijd (1ste helft 1ste millennium) volledig zichtbaar geworden. Op het stadsplan, waarop we ook nog niet blootgelegde structuren zien, zijn het wegennet, de open-bare en private gebouwen en de industriële ateliers duidelijk te onder-scheiden.

Op de westelijke punt van de tell, aan het uiteinde van de hoofdstraat (veld B) werd door het Syrische team een breedkamerige tempel uit de 7de en 6de eeuw v. Chr. onderzocht. In het centrum van het opgravings-veld staat een sanctuarium. Verschillende kleinvondsten uit de omgeving van het heiligdom konden in verband gebracht worden met cultische acti-viteiten.

Doorheen de IJzertijd verzandde de zeearm uit de Bronstijd en daar-mee ook de belangrijke binnenhaven van Tell Tweini. Het vormt een uit-daging de invloed hiervan op de economische ontwikkeling van de stad te achterhalen. Naar het einde van de IJzertijd toe, vertaalt die zich in toenemende agrarische activiteiten en nijverheid. Getuige hiervan zijn de talloze olijfpersen uit de IJzertijd II (einde van de 8ste eeuw v. Chr.). Zo ook verliest een groot openbaar gebouw, teruggevonden op veld A, zijn functie en het wordt onderverdeeld in kleine kamers voor industriële activiteiten. Deze evolutie loopt samen met de verovering van westelijk Syrië door de Assyrische koning Sargon II. Uiteindelijk wordt de tell verlaten ten voordele van een locatie aan de kust met directe toegang tot de handelsroutes via de zee, het klassieke Gabala, dat is het huidige Jebleh.

De beste informatie voor deze periode komt van de munten die geslagen werden in Gabala vanaf het laatste kwart van de 3de eeuw v. Chr. Deze munten passen volledig in de types van Arados, maar hier verschijnt GB op de munt. Deze letters verwijzen naar de Griekse Gamma en Bèta, de eerste twee consonanten van Gabala. De stad, die zelfs een eigen tijdrekening opstartte, werd onafhankelijk in het midden van de 1ste eeuw v. Chr. Gabala maakte in de Byzantijnse periode niet langer deel uit van de provincie *Syria prima* maar wel van een nieuwe provincie: *Theodorias*. Gabala verschijnt ook op de Tabula Peutingeriana samen met de steden Antiochië en Laodicea. Uit deze periode stammen enkele huizen met mooi afgewerkte waterinstallaties op de westelijke punt van Tell Tweini. In 638 n. Chr. tenslotte, wordt Syrië veroverd door Kalief Mu'awiya.

KAREL VAN LERBERGHE EN JOACHIM BRETSCHNEIDER
Katholieke Universiteit Leuven

TELL KAZEL EN DE AKKARVLAKTE, ZUIDELIJKE BUUR VAN DE JEBLEH-REGIO

Door de resultaten van de studie van het aardewerk van Tell Arqa in de Libanese Akkar-vlakte te koppelen aan die van Tell Kazel in de Syrische Akkar, kan een lijvig corpus verschijnen, verwacht tegen 2010, dat de evolutie in deze regio van de Vroege Bronstijd tot de komst van Alexander de Grote bestrijkt. Onnodig hier aan toe te voegen hoe belangrijk de gegevens van onze collega's, actief in de Jebleh-vlakte, in deze context zijn. Dankzij de inbreng van alle betrokkenen, kan zo eindelijk een niet onaanzienlijk gebied van de Syro-Palestijnse kust, ontsloten worden op basis van stratigrafisch materiaal uit een betrouwbare context. Zonder overhaaste conclusies te willen trekken, mogen we ons alvast verwachten aan enkele herzieningen, voornamelijk voor wat de "breuk" betreft waarvoor de archeologen de Zeevolkeren traditioneel verantwoordelijk achtten, of de al te ver reikende territoriale expansie die ze een stadsstaat als die van Hama toedichtten. En, zoals de opgraving van Tell Kazel inmiddels bewees, is de impact van de Fenicische beschaving benoorden de Nahr el-Kebir diepgravender dan men voordien vermoedde.

Tell Kazel in de Syrische Akkar*

Tell Kazel is gelegen op de Mediterrane zeekust, op 18 km ten zuiden van Tartus. De site controleert de handelsroutes, waaronder de enige doorgang tussen de kuststreek en het hinterland, een doorsteek door de bergketens parallel met de kust via de *Trouée de Homs*. Samen met Tell Arqa, is Kazel, de grootste site in de vlakte van de Akkar (20 ha), sinds 1985 opgegraven door een missie van de Amerikaanse Universiteit van Beiroet onder leiding van Leila Badre. Tell Kazel kan op basis van de recente vondsten als het antieke Sumur geïdentificeerd worden, een nederzetting

---

* Voor afbeelding bij deze bijdrage, zie het novembernummer van *Les dossiers de l'archéologie*.

die vermeld wordt in oude teksten – de archieven van El-Amarna, het boek Genesis, Assyrische annalen … De situatie en het stratigrafisch profiel van Kazel stroken perfect met de getuigenis van deze antieke bronnen en staven de voorgestelde identificatie. Voor een definitieve bevestiging is het wachten tot de site nieuwe tabletten of andere inscripties oplevert.

Tell Kazel vertoont een ononderbroken bewoningspatroon van de Bronstijd tot de Byzantijnse periode. De stad kende een opmerkelijke bloei tijdens de Late Bronstijd (14-13de eeuw v. Chr.) en gedurende de Fenicische Periode bij aanvang van het 1ste millennium.

Tijdens de 14de eeuw v. Chr. lanceerde Abdi-Ashirta, leider van een stam uit de regio ten zuidoosten van Tripoli aan de voet van het Libanongebergte, een reeks aanvallen gericht tegen Arqa en Byblos met Sumur als operationele uitvalsbasis. Hij richtte een vorstendom genaamd Amurru op en wisselde zijn loyaliteit beurtelings af tussen de twee grootmachten van die tijd: Egypte en het Mitannirijk. Onder zijn zoon Aziru werd Sumur vaak vermeld als het zenuwcentrum van Amurru, dat duidelijk een soort bufferstaat was geworden. Hij ondertekende een vazalverdrag met de Hettieten, dat later door enkele huwelijken met hun prinsessen bezegeld werd.

Wat de 14de eeuw betreft, leverde Tell Kazel een imposante tempel op, die vier eeuwen lang in gebruik bleef. Het rechthoekige gebouw (12 m lang) was voorzien van twee sokkels voor zuilen, ingebouwd voor de twee altaren. De rijke vondsten in de tempel omvatten vuurpotten of wierookbranders van 1,20 m hoog (de grootste exemplaren tot dusver bekend uit de Levant), kelken, lampen, schotels en kleine kommen, een groot aantal luxueuze objecten in faience, bronzen beeldjes, rolzegels en geïmporteerd vaatwerk uit Cyprus en Mykene, en wel in hoeveelheden die tot dusver enkel opgetekend werden te Ugarit in het noorden of in Tell Abu Hawam in het zuiden.

Twee zilveren sieraden, evenals de gemodelleerde leeuwen die de grote vuurpot sieren, wijzen er wellicht op, dat de tempel aan de godin Astarte gewijd was.

Om nog onbekende redenen werd dit heiligdom verlaten. In de 13de eeuw v. Chr. verrees een nieuwe tempel op zijn muren, met een bijzonder mooie architecturale afwerking in bloksteen, en een bovenbouw in leemtichels. Dit heiligdom was toegankelijk via een betegeld voorplein.

Rondom de tempel lagen drie residentiële wijken. Ze omvatten ondermeer opslagplaatsen en silo's met betegelde vloeren. Het geheel werd doorkruist door straten aangelegd met fijn grint. In het noordoosten van de *tell* strekte zich een andere woonwijk uit met een officieel gebouw dat zich door zijn architectuur onderscheidt: vloeren van schelpen en leemtichel muren eveneens versierd met schelpen, een nagenoeg unieke decoratiemethode in de Levant. De bewoning van dit complex (een gastengebouw voor gezanten?) dagtekent uit de laatste fase van het naburige Koninkrijk van Ugarit en werd, zoals die stad, verlaten, waarna een herbewoning volgde door de mensen uit de regio maar met een percentage nieuwe elementen uit het Westen. Deze laatsten brachten, naast een rijkgeschakeerde waaier lokaal geproduceerd Mykeens aardewerk, uitheemse tradities mee, zoals het zogenaamde handgemaakte 'barbaars'-aardewerk. Deze overgangsperiode onderscheidt zich door de afwezigheid van geïmporteerd aardewerk uit Cyprus en Mykene, dat zo overvloedig was in de voorafgaande periode. Men kan veronderstellen dat de makers van het 'barbaars'-aardewerk te associëren zijn met één van de golven van de Zeevolkeren, vermeld door Ramses III, die de ondergang van Ugarit bezegelden. Andere invasies volgden en creëerden een periode van onrust, waardoor uiteindelijk een grote brand, waarvan de sporen duidelijk zichtbaar zijn in de rode en zwarte destructielagen, de stad vernietigde. Deze ontwikkelingen markeren het einde van de Bronstijd.

Bij het begin van de IJzertijd II vervangt een nieuwe tempel, op de top van Tell Kazel, degene die sinds de Amarna-periode gebruikt werd, gelegen aan de zuidwest kant van de site en vóór 850 v. Chr vernietigd door een brand. Voor de bouw hiervan, moest een woonkwartier uit de IJzertijd I wijken en werden grote hoeveelheden steenblokken en tegels van opmerkelijke afmetingen aangesleept voor de hoeken van het gebouw of voor de rudimentaire altaren. Sommige elementen, zoals een anker en een steen met inkepingen in de vloer van één van de binnenpleinen, kunnen mogelijk geïnterpreteerd

Fig. 1: Tell Kazel, gezeten vruchtbaarheidsgodin uit het tempeldepot, late 9de-8ste eeuw v. Chr. (E. Gubel)

worden als onderdelen van de oude tempel die herbruikt werden om het statuut van de nieuwe cultusplaats te heiligen. Een 'toren' uit leemtichels van minstens vijf meter hoog, vormde het centrale deel van het complex, dat totnogtoe over 275 m² is opgegraven. Waarschijnlijk stortte deze in doordat hij, volgens de architecturale tradities van de IJzertijd I, zonder enige fundering was opgetrokken. Het puin werd kort daarop begraven onder een plaasteren vloer die de tweede gebruiksfase inluidde van de tempel, die na de Neo-Assyrische verovering van 738 v. Chr. een nieuwe bestemming kreeg. De geschreven bronnen en het aardewerk uit de tempel – of tenminste, een palatiaal complex voorzien van vereringsruimtes – sluiten ondubbelzinnig aan op de Fenicische traditie. De iconografie van de vele figurines in gebakken en beschilderde klei, die lokale goden (Baal, een zwangere Baalat, mogelijk Milku van Amurru en Anat) of hun priesters (met *Lebbadé* kronen) en priesteressen (met *polos* kronen) afbeelden, verwijst zowel naar Syrische idiomen uit de Late Bronstijd als naar Aramese elementen uit het vroege I[ste] millennium v.Chr.

Tijdens de Perzische periode, werden de buitenmuren van de tempel, bestaande uit mooi gehouwen *ramleh*-blokken, ontmanteld voor een constructie van indrukwekkende omvang (vestingmuur?). Deze werd op zijn beurt gedeeltelijk gesloopt en verdween onder de fundamenten van de Hellenistische urbanisatie, geschikt volgens het dambordplan met vele geplaveide huizen. De materiële cultuur bleek vrij bescheiden, zeker in vergelijking met die van de gelijktijdige metropool Arqa, in het zuiden van de Akkar vlakte, de onbetwiste opvolger van Simirra vanaf het einde van de Perzische hegemonie.

LEILA BADRE
American University of Beirut Archaeological Museum

ERIC GUBEL
Koninklijke Musea voor Kunst en Geschiedenis / V.U.B.

NEOLITHICUM EN CHALCOLITHICUM

WIM KNAEPEN

1. Inleiding

Naarmate de geschiedenis van het Nabije Oosten vordert, zijn er meer en betere bronnen voorhanden. Het behoeft echter geen pleidooi, dat de neolithische ontwikkelingen in de regio van de vruchtbare sikkel de basis vormen voor de culturen in de Levant en de bakermat zijn voor zowel het Oosten als het Westen. Met het Neolithicum verandert de manier van leven in het Oude Nabije Oosten voorgoed, de samenlevingen worden complexer, een elite verheft zich boven anderen en volkeren eigenen zich permanent regio's toe waarmee ze zich identificeren. Door een gebrek aan historische bronnen is het moeilijk om een geschiedenis van deze periode te reconstrueren, toch maken de materiële resten het mogelijk duidelijke evoluties te registreren.

Algemeen geeft men het Neolithicum op de tijdslijn een plaats tussen 9000 en 5000 v. Chr. Waarbij rond 9000 v. Chr. een lang proces van sociale en culturele veranderingen op handen is en rond 4500 v. Chr. de meeste sites een sedentair karakter hebben met aanwezigheid van gedomesticeerde dieren en planten. Het Chalcolithicum, tussen 4500 v. Chr. en 3500 v. Chr., vormt de overgang tussen het einde van het Neolithicum en de Vroege Bronstijd.

In de kuststreek van Syrië en Libanon, springen een viertal nederzettingen meteen in het oog: van het noorden naar het zuiden zijn dit Ugarit of het huidige Ras Shamra, Tell Sukas, Tabbat al-Hammam en in het noorden van Libanon Byblos.

Ugarit/Ras Shamra kent een zeer lange, haast onafgebroken geschiedenis van het Vroege Neolithicum tot ca. 1190 v. Chr. Neolithische en chalcolithische structuren werden in de grote Sondage SH van Ras Shamra blootgelegd (SCHAEFFER 1962: 151-204).

Onder leiding van P.J. Riis begon "The Carlsberg Expedition to Phoenicia" in 1958 aan de opgraving van Tell Sukas. Ook deze site bleef lang bewoond van het Neolithicum tot de Hellenistische periode (RIIS en THRANE 1974; OLDENBURG 1991).

Tabbat al-Hammam ligt aan de zee, in de buurt van het dorpje Mantar, en op een goede 45 km ten noorden van Tripoli. Men bewoonde deze site vanaf het Neolithicum tot en met de Byzantijnse periode, met een onderbreking van de Vroege Bronstijd tot de Vroege IJzertijd. Het Syrisch Expeditieteam van 'the Oriental Institute of Chicago' o.l.v. Robert J. Braidwood onderzocht deze site vluchtig d.m.v. sondages tussen 14 juni en 8 juli 1938. (BRAIDWOOD 1940: 183-221)

Byblos werd, vanaf 1924, met een onderbreking door WO II, opgegraven door de Fransman Maurice Dunand. Zowel het oud, midden alsook het Laat Neolithicum en het Chalcolithicum komen er voor. Het betreft ook hier een bekende havenstad, die een lange geschiedenis kent en tot de oudste steden ter wereld wordt gerekend (DUNAND 1973). De site ligt in Noord-Libanon, maar werd hier voor de studie van de Syrische kuststrook opgenomen om het totaalbeeld van de materiële resten voor het Neolithicum en Chalcolithicum mogelijk te maken.

2. Bewoning

De sedentarisatie wordt, met de aanvang van het Neolithicum, steeds algemener. Permanente bewoning leidt tot kleine nederzettingen met structuren die over meerdere seizoenen dienst deden. Zoals gebruikelijk voor deze periode en periodes die erop aansluiten, wendde men zongedroogde leemtichels aan voor de bovenbouw van de huizen. Nadien bestreek men de muren met een leem/kleipap en vervolgens kwam er een kalklaag over. Het proces van bekalken diende ieder jaar opnieuw te gebeuren en dit komt ook naar voren uit de diverse lagen kalk die men soms aantreft op de bewaarde muren. Ook de vloer werd soms met leem bedekt en aangestampt. De onderbouw met zijn fundamenten bestaat in Byblos, Ugarit en ook in Tell Sukas uit steen. Vooral de sites Byblos en Ugarit geven een duidelijk beeld van de neolithische architectuur weer. Tell Sukas leverde een eerder onoverzichtelijk kluwen aan steenarchitectuur op, waarin men enkel een onvolledige huisplattegrond kan ontwaren.

In de bewoning is een duidelijke evolutie merkbaar. Als eerste aanzet tot permanent bewoonde gebruikte structuren, werden er sokkels met openingen voor boomstammen gebruikt. Deze vroegste 'één-kamer-huizen', roepen, door het tongewelf gemaakt van lichte stammen met daartussen rietvlechtwerk en bestreken met leem, een soort tunneleffect op.

Hoewel het basisprincipe, met kamers opgetrokken in leemtichels, hetzelfde blijft, is er doorheen het Neolithicum een duidelijk verschil in patroon vast te stellen. In het Vroege Neolithicum treft men in het bodem-archief vluchtig gebouwde huizen aan met niet al te rechte muren, die variëren in dikte. Men beperkt zich in het begin tot één of twee kamers die dienst doen als polyvalente ruimtes. Gebruiksspecifieke kamers wor-den pas gedefinieerd wanneer de sociale organisatie binnen de familie en het dorp complexer wordt.

De drie fases komen het duidelijkst tot hun recht wanneer de huis-plattegronden naast elkaar worden gelegd. Op het einde van het Neo-lithicum zijn er duidelijk afgelijnde, rechte muren met mooi afgewerkte leemtichels die ééznelfde afmeting hebben (Fig. 1 & 2).

Onder de architecturale resten te Ugarit kan al een versterking ge-identificeerd worden uit het Laat Neolithicum. Dit lijkt te bevestigen dat ook toen al aan verdedigingsstructuren werd gedacht. Als men dit naast de resultaten uit Jericho legt, wordt duidelijk dat prehistorische neder-zettingen ruimtelijk een steeds betere organisatie kregen.

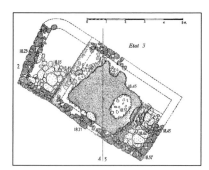

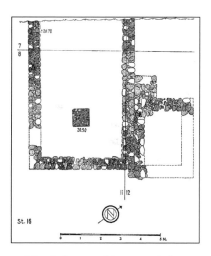

Fig. 1: Vroege architectuur
uit het Neolithicum te Byblos
(DUNAND 1973)

Fig. 2: Late architectuur uit het
Neolithicum te Byblos
(DUNAND 1973)

3. Gebruiksvoorwerpen

Diverse voorwerpen komen enkel in het Neolithicum voor. Op de vier voorliggende sites zijn dit tokens, gepolijste bijltjes, stenen vazen, kom-men en borden, benen naalden en priemen. Daarnaast treft men er ook grote hoeveelheden bewerkte silex, obsidiaan, keramiek en "white ware" aan.

Tokens, zoals deze afkomstig uit Byblos, beschouwt men als de voor-
lopers van het schrift. Zij dienden als teleenheden en ook als stempels om
potten en andere voorraadcontainers af te sluiten en te voorzien van een
eigendomsbewijs. Het is mogelijk ze te transporteren als noodzakelijke
bevestiging en bewijs voor een bedongen koop (DUNAND 1973).

De gepolijste bijltjes zijn in twee materiaalcategorieën in te delen: silex
en hardsteen. De eerste materiaalsoort gebruikte men ook voor andere
gebruiksvoorwerpen, terwijl de tweede exclusief voor dit voorwerp werd
aangewend. Het kostte veel tijd om een dergelijke vorm te vervaardigen.
De vraag of deze voorwerpen werkelijk dienden om te gebruiken, gaat
men telkens na door studie van de specifieke microscopische gebruikssporen op deze bijltjes. Een aantal blijkt gebruikt, maar het merendeel
van de hardstenen gepolijste bijltjes vertoont geen gebruikssporen en was
dus uitsluitend bedoeld als prestigegoed.

Het repertorium aan stenen recipiënten is groot, het aantal duidelijk af
te lijnen vormen beperkt, o.a. borden, kommen en iets zeldzamere vaas-
types. Daarnaast komen de wrijfstenen voor die meestal gemaakt zijn uit
ruw gehouwen basaltstenen. Hun oorsprongsgebied was waarschijnlijk
het zuidoosten van Syrië waar zich een basaltplateau bevindt of in het
noordelijk gelegen Zagrosgebergte (BRAIDWOOD en BRAIDWOOD 1982).
Op typologisch vlak onderscheiden we bij de maalstenen stenen met een
bolle bovenkant of bolle onderkant, al dan niet gepolijst door het veelvuldige wrijven. Niet alleen graan, maar ook diverse kruiden, bessen en
kleurstoffen zoals rode oker e.d. werden ermee vermalen.

Het Nabije Oosten zorgt met zijn huidige, meestal aride en droge
klimaatsomstandigheden, voor een goede bewaring van organisch materiaal. Dit voor zover het bot, hoorn, verkoold graan e.d. betreft, hout komt
slechts zeer zelden en in zeer kleine hoeveelheden voor. Zonder historische bronnen hebben we op deze manier toch een inkijk in het dagelijkse
leven van de neolithische mens, deze materiële resten vertellen hun eigen
verhaal.

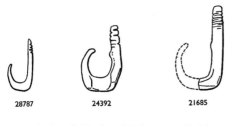

28787   24392   21685

Fig. 3: Neolithische vishaken van Byblos
(DUNAND 1973)

Benen naalden en priemen
bevestigen experimenteel-
archeologische bevindingen
over klederdracht en gebruik
van textiel. Ook de aanwezigheid van vishaken, zoals deze
van Byblos (Fig. 3), geven
een aanwijzing en tevens een
bevestiging van de logische

verwachting: dorpen die aan de kust lagen, kenden een cultuur van visvangst (DUNAND 1973).

Dezelfde of praktisch dezelfde gebruiksvoorwerpen werden eveneens
geproduceerd uit silex of obsidiaan. Silex of vuursteen komt op elke neolithische site in het Nabije Oosten voor. Obsidiaan, vulkanisch glas
gevormd door onderkoeling bij een vulkaanuitbarsting, treft men op de
meeste plaatsen aan, maar wel in kleinere hoeveelheden. Het grote verschil
met silex is dat obsidiaan vaak over lange afstand geïmporteerd werd via
duidelijk aantoonbare handelsroutes (WARREN 1981: 529-531), terwijl
silex meestal lokaal voorhanden was. Obsidiaanwerktuigen zijn van een
uitzonderlijke kwaliteit en kunnen na een zeer lange tijd in de bodem nog
altijd vlijmscherp zijn. De silexklingen kregen, door hun gebruik als sikkel bij de oogst van diverse grassen (o.a. graan), een glanzende schijn en
botten sneller af. Bijgevoegde afbeelding geeft de diversiteit aan artefacten weer op de vier vermelde sites langs de Syrische kust (Fig. 4).

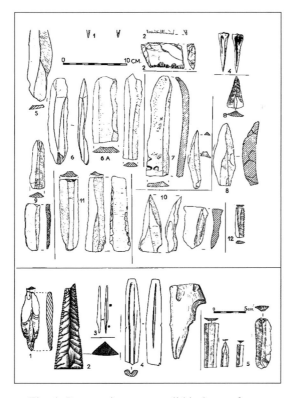

Fig. 4: Repertorium van neolithische artefacten
(SCHAEFFER 1962: 151-204)

Bij de prille aanvang van het Neolithicum werd keramiek nog niet gebruikt, maar het zal snel overvloedig geproduceerd worden. Te Ugarit is de vroegste attestatie ervan gedateerd tussen 5600 en 6800 v. Chr., dit gebaseerd op ^{14}C en door vergelijking met keramiek uit o.a. Jericho (SCHAEFFER 1962: 157). Iets voordien blijkt men gebruik te maken van recipiënten uit niet-gebakken klei. Dit fenomeen is ook aangetroffen in Jericho. De containers in kwestie zijn meestal gevormd rond of gevlochten in manden (Fig. 5). Deze techniek kent men vandaag nog. In de recipiënten werd vooral graan en/of bloem bewaard. Verscheidene denkpistes worden opengehouden wat betreft de evolutie naar gebakken keramiek (SCHAEFFER 1962: 159). Eén ervan luidt dat een brand ongebakken potten veranderden in harde, waterdichte kommen die bij gebruik heel wat voordelen boden.

De eerste vormen beperken zich tot lage kommen, borden en open potten met een eenvoudige versiering van lijnen en soms ook geometrische figuren. Dit betreft het begin van het Neolithicum, want naar het einde toe wordt het vormenspectrum een stuk complexer met, naast het daarvoor bestaande repertorium mooi uitgewerkte vazen en potten. De alledaagse gebruikswaar was hand gevormd, uit een pasta bestaande uit grof gemagerde klei met organische elementen (plantenresten e.d.). Het pottenbakkerswiel verschijnt aan de Syrische kust pas vanaf de late Vroege Bronstijd. Vanaf het Midden Neolithicum tot het Laat Neolithicum, treft men een keramieksoort aan die Halaf-waar wordt genoemd. Deze waar,

voor het eerst beschreven te Tell Halaf, die zich over het ganse Oude Nabije Oosten verspreidde, is herkenbaar aan de typische polychrome decoratiepatronen. Ook de "dark-burnished ware" heeft een groot verspreidingsgebied, o.a. in Ugarit en Tell Sukas.

Een interessante categorie aan vondstmateriaal is de "white ware" die, in tegenstelling tot wat de naam laat uitschijnen, géén keramiek is aangezien hij niet werd gebakken. Het betreft recipiënten (vooral opslagcontainers) vervaardigd uit een in een mal geduwde gipsum/kalk-

Fig. 5: (SCHAEFFER 1962: 151-204)

oplossing, die na het verdampen van het water stolt. Dikwijls gebruikte men een gevlochten rieten mand als mal. Door het negatief in de "white ware"-scherven te bestuderen kan men het soort riet of vlechtwerk en de gebruikte technieken achterhalen. "White ware" komt zeer wijd verspreid voor in het Nabije Oosten, tot in Iran en Irak toe, en dit voor de periode vanaf het Vroeg Neolithicum tot ongeveer de Neo-Assyrische periode (700 v. Chr.). Aan de kust van Syrië wordt het op nagenoeg alle sites aangetroffen (NILHAMN 2003).

Men vindt deze recipiënten meestal terug in, of in de directe omgeving van huizen, ze hadden hun nut als typische voorraadcontainers waarin voedsel (graan e.d.) goed bewaarde, dit vanwege hun bacteriedodende eigenschappen. De "White ware" kan vergeleken worden met de Romeinse *kurkurne* uit West-Europa, die eveneens als container diende, en kalk bevatte die bacteriën doodde en op die manier de inhoud vers hield.

4. Begraving

Het begraven van mensen gebeurde in een ondiepe kuil in, of net buiten de muren van de huizen. Cremacie of lijkverbranding was zeer waarschijnlijk niet gekend. Vooral kinderen begroef men in huizen, mogelijk vanwege het beschermende karakter van het huis. Tot de grafinhoud behoorden meestal kralen en in mindere mate ook aardewerk. Uitzonderlijk kwamen ook resten van koperkleurstof voor die mee het graf in gingen. De bijzetting van het lichaam in de grafkuil gebeurde gebruikelijk in hurk- en/of foetushouding.

In Byblos treffen we in het Late Neolithicum drie soorten inhumaties aan. Een aantal mensen begroef men op een bed van stenen of in een kring van lange stenen. Het meest in het oog springende begravingstype zijn deze in grote keramiekpotten (Fig. 6).

5. Het Neolithicum in het gehele Oude Nabije Oosten

Om een duidelijk zicht te krijgen op het Neolithicum langs de Syrische kust is het aangeraden te kijken naar de aangrenzende gebieden, meer bepaald het binnenland (Tell Mureybet, Tell Halula …). Publicaties en wetenschappelijk onderzoek van o.a. Schaeffer (SCHAEFFER 1962: 167-168) geven aan dat zowel de kuststreek als het binnenland een gelijkaardig archeologische bestand vertonen. Niet alleen qua keramiek, lithisch

Fig. 6: Begraving in grote kruik te Byblos (DUNAND 1973)

ensemble en het gebruik van "white ware", maar ook op o.a. architecturaal gebied, lijken de betrokken regio's erg op elkaar en kan men zelfs
spreken van een techno-complex. Schaeffer duidt wel op het feit dat het
Neolithicum in Egypte en op Cyprus een geheel andere evolutie kende en
niet onder de noemer 'Neolithicum van het Oude Nabije Oosten' valt. Hij
benadrukt ook de onvolledigheid van het archeologische archief. Deze visie
werd later verder uitgewerkt en verfijnd dankzij de resultaten van een toe-
nemend aantal opgegraven neolithische sites. De trend waarbij typische
objecten, zoals de Halaf-waar, een enorme verspreiding kenden, werd hierdoor bevestigd en het bewijs van langeafstandshandel tussen de kleine
nederzettingen, geleverd (AKKERMANS en SCHWARTZ 2003: 42-180). Zelfs
de nederzettingen langs de Syrische kust, voor een groot deel afgesloten van
het binnenland door de bergketens parallel aan de kustlijn, ontsnapten niet
aan dit interregionale karakter van deze neolithische samenlevingen.

6. Het Chalcolithicum

De methodes en gebruiken van bewoning en begraving uit het Neolithicum ontwikkelden zich verder tijdens het Chalcolithicum. Onder

andere bij de keramiekproductie en in de huiscontext merkt men een evolutie op. Langs de Syrische kuststreek leverde enkel Tabbat al-Hammam geen uitgesproken architecturale resten uit deze periode.

Ugarit en Byblos bevestigen duidelijk de bewoningscontinuïteit. Tell Sukas verschaft ons eveneens informatie over de bewoning, en een stenen onderbouw blijft hier de constante.

Te Byblos zien we ééncellige circulaire gebouwen opduiken, maar ook hier is continuïteit gegarandeerd door de meerkamerige huizen uit deze periode. Grotere families zullen vooral deze laatste bouwtechniek aanwenden. De these is dat er extra kamers verschijnen wanneer een familielid huwde. Bij het sterven van één van de familieleden kon men een kamer afbreken. Men gaf er misschien ook soms de voorkeur aan, de kamer een andere bestemming te geven. Deze agglutinatieve bouwwijze bleef doorheen de duizenden jaren lange geschiedenis van Byblos de standaard.

Daarnaast bestonden ook nog de grote éénkamerige ruimten die in verband worden gebracht met de halfnomadische levenswijze van herdersgroepen. Naarmate er meer van dergelijke woningen opduiken, ziet men een binnenhof ontstaan. Deze laatste ontwikkeling bleef echter van ondergeschikt belang in het totaalbeeld van de ontwikkeling van de nederzetting (WEIN 1963: 9-12).

Het Chalcolithicum en vooral ook het Neolithicum, kenden nog geen dichtbevolkte gebieden zoals in de latere perioden. De opgegraven delen van de sites suggereren dat de nederzettingen, ter grootte van een dorp, bestonden uit kleine, tegen elkaar gebouwde huizen.

De ontwikkeling van de keramiek kan men vooral volgen in de typische Halaf- en de daaropvolgende Obeid-keramiek. Deze laatste keramieksoort werd uit een pasta met een witte, naar groen neigende tint vervaardigd en gedecoreerd met geometrische motieven in een bruinzwarte verf. Wederom is het opvallend dat de Obeid-waartraditie geografisch een zeer verspreid gebruik kende, mogelijk het gevolg van de introductie van een technologische nieuwigheid, het traag draaiende pottenbakkerswiel dat over grote gebieden tot standaardisering leidde (AKKERMANS en SCHWARTZ 2003: 257). Te Ugarit treffen we niet alleen locale keramiek aan, ook Cypriotische waar komt in de Chalcolithische lagen voor en speelt in het voordeel van een hypothese van handelscontacten en de daarmee samenhangende import van goederen.

White ware en silex blijven, samen met obsidiaan, algemeen in gebruik. Het obsidiaan en de silexproductie kennen een meer gesofisticeerde productie, gebruiksvoorwerpen uit deze grondstoffen komen voor op alle sites.

Een verdere evolutie van de tokens naar rolzegels legt de basis voor de glyptiek: van vierkante blokjes gaat men naar cilindrische zegels, gemakkelijker bruikbaar op voorwerpen met een bol oppervlak. Deze maken steeds complexere economische transacties mogelijk en illustreren de technische mogelijkheden nodig om stenen om te vormen tot gedecoreerde zegels.

Net als in Byblos verschijnen er nu ook te Ugarit goed bewaarde begravingen (SCHAEFFER 1962: 191-192). Men begroef de mensen in grote keramiekkruiken op een afgezonderde plaats buiten de huizen. Hiervan vindt men heel wat voorbeelden zowel in Byblos als in Ugarit.

Op het einde van het Chalcolithicum en aan het begin van de Bronstijd ontwikkelen zich in het binnenland van Syrië de eerste grote urbane centra, geleid door een elite die de handelswegen in hun buurt controleerden. Voor de kuststreek is het wachten tot het midden van de Vroege Bronstijd tot er zich echt grote nederzettingen ontwikkelen die een dominante rol gaan spelen in hun regio.

7. Bibliografie

AKKERMANS P.M.M.G. en SCHWARTZ G.M. 2003. *The Archaeology of Syria. From Complex Hunter-Gatherers to Early Urban Societies (ca. 16.000-300 BC)*. Cambridge.

BRAIDWOOD R.J. 1940. "Report on two sondages on the coast of Syria, South of Tartous". *Syria* 21: 183-221.

BRAIDWOOD R.J. en BRAIDWOOD S.L. 1982. *Prehistoric archaeology along the Zagros flanks*. Chicago.

DUNAND M. 1973. *Fouilles de Byblos V(2 dln)*. Paris.

NILHAMN B. 2003. *Revealing Domesticity – White ware as an indicator of change in Near Eastern Archaeology*. Uppsala.

OLDENBURG E. 1991. *Sukas IX: The Chalcolithic and Early Bronze Age Periods IX* (Publications of The Carlsberg Expedition to Phoenicia 11). København.

RIIS P.J. en THRANE H. 1974. *Sukas III: The Neolithic Periods* (Publications of The Carlsberg Expedition to Phoenicia 3). København.

SCHAEFFER C.F.A. 1962. *Les fondements préhistoriques d'Ugarit* (Ugaritica IV). Paris. 151-204.

WARREN E.S. 1981. VI – Le Néolithique au Levant. In *Préhistoire du Levant*, eds. J. Cauvin en P. Sanlavilla. Paris. 529-531.

WEIN J.E. 1963. *7000 Jahre Byblos*. Nürnberg. 9-12.

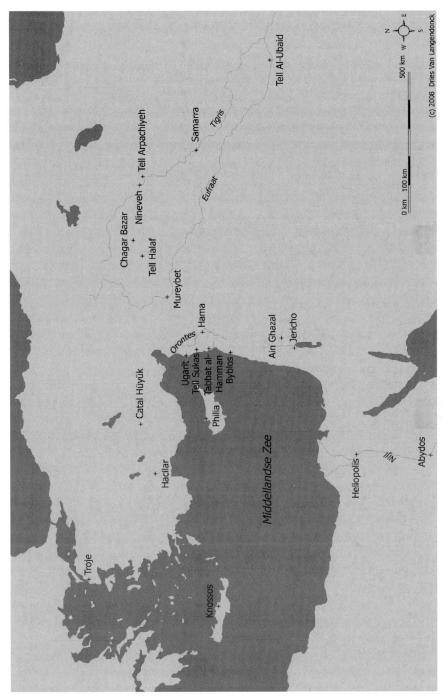

Het Neolithicum in het Oude Nabije Oosten

DE BRONSTIJD EN BEGRAVING

Celine Brantegem, Tom Brughmans, Saskia Hornikx

Inleiding

Een historisch overzicht van de Vroege en Midden Bronstijd voor de de Syrische kust is voor een belangrijk deel gebaseerd op geschreven documenten van het Syrische binnenland. Het zijn voornamelijk de materiële resten die de evoluties langs de kust weergeven. Dankzij de rijke archeologische overblijfselen uit de Late Bronstijd en de historische bronnen uit de kustsite Ras Shamra geeft vooral het einde van de Bronstijd een duidelijk beeld van deze periode. Naast een algemeen overzicht spitst deze bijdrage toe op één welbepaald aspect dat typerend is voor de Bronstijd en duidelijke attestaties heeft langs de kust: de traditie van begraving onder huizen. Een overzicht van de belangrijkste sites geeft de aangetroffen graftypes weer, daarna dieper wordt ingegaan op de begrafenisrituelen en de vooroudercultus op basis van de historische bronnen uit Ugarit.

1. Overzicht van de Bronstijd

In de Bronstijd (3500 - 1200 v. Chr.) ontstaan langs de Syrische kust de eerste complexe urbane samenlevingen, die intensieve internationale contacten onderhouden met zowel het Oost-Mediterrane gebied als met Mesopotamië. Zowel veiligheid als het economische potentieel van de locaties was bepalend voor de precieze situering van deze steden. De Syrische kuststeden evolueren in de Late Bronstijd tot hoofdsteden van lokale koninkrijken zoals Ugarit, Amurru en Sianu.

1.1 De Vroege Bronstijd

De Vroege Bronstijd loopt in Syrië van ca. 3500 tot 2000 v. Chr. en wordt gekenmerkt door de transitie van sommige agrarische samenlevingen naar complexe urbane centra, waarvan Ebla, Mari en Tell Brak typevoorbeelden zijn. Niet alleen de omvang en het aantal nederzettingen neemt toe, deze evolutie gaat ook gepaard met de introductie van nieuwe technologiën en economische ontwikkelingen. Het gebruik van het sneldraaiende pottenbakkerswiel laat massaproductie van gestandaardiseerde keramiek toe, ook metaal wordt steeds frequenter gebruikt.

Op politiek vlak werd het binnenland van Syrië gekenmerkt door grote regionale entiteiten met een uitgewerkte sociale hiërarchie. Deze sociale differentiatie valt ondermeer af te leiden uit de verschillen in graven van de lagere klassen en de elite. Uit de historische bronnen van Mari en Ebla, blijken deze steden naast hun economische impact ook een territoriale macht te bezitten. Zo verkrijgt Mari, onder koning Iblul II, de controle over een deel van het Eufraat-dal en betaalt Ebla zelfs tribuut aan hem.

De Syrische kuststreek werd tijdens de Vroege Bronstijd steeds dichter bevolkt. Te Tell Tweini getuigen hiervan enkele structuren in een sondage in het centrum van de tell en aardewerk die dateert uit ca 2500 v. Chr. Ook in andere kuststeden, zoals Tell Sukas, Tell Sianu, Tell Iris, Tell Arqa en Ugarit, tekenen zich in opgravingen duidelijke bewoningslagen af.

De politieke ontwikkelingen in Mesopotamië leidden in de 2de helft van het 3de millennium v. Chr. tot de eerste grote territoriale rijken. In spijkerschriftteksten staat te lezen dat de Akkadische koning Sargon van Akkad (ca. 2350 v. Chr.) militaire campagnes onderneemt die hem tot aan de oevers van de Middelandse Zee zouden hebben gebracht. In zijn elfde regeringsjaar zou hij zelfs de oversteek gemaakt hebben naar Cyprus. Langs de kusten van Syrië zijn er van deze campagnes geen sporen te vinden. Ook Sargons opvolger, Naram-Sin, claimt veroveringen in Syrië, zo zou hij Ebla onderworpen hebben.

Naar het einde van de Vroege Bronstijd toe, komen de urbane centra in de Levant, Cyprus, Anatolië, Egypte en het Egeïsche gebied onder druk te staan. De redenen voor deze evolutie zijn onduidelijk, mogelijk kunnen ze gerelateerd worden aan klimaatveranderingen. Een periode van droogte zou de landbouw uitgeput hebben wat voor veel grote centra een periode van hongersnood inleidde en zo ook een algemene neergang. Zeker is dat de groter wordende steden steeds intensievere landbouwtechnieken eisten om hun bevolking in stand te houden en indien akkers niet meer allemaal bewerkt konden worden, omdat er klimaatsveranderingen optraden of omwille van redenen van veiligheid, dat nefaste gevolgen moet hebben gehad (AKKERMANS en SCHWARTZ 2003: 283-284). Op het einde van het 3de millennium duiken in historische bronnen Amoritische namen op; een volk met een onbekende oorsprong, maar dat tegen de 19de eeuw v. Chr. grote delen van Mesopotamië en Syrië zal domineren.

1.2 Midden Bronstijd

De meeste urbane centra van de Vroege Bronstijd herleefden in de Midden Bronstijd, ca. 2000 tot 1600 v. Chr., wat leidde tot hernieuwde intensieve handelscontacten tussen het oostelijke Mediterrane gebied en Mesopotamië. De veranderingen aan het begin van de Midden Bronstijd waren onder meer het gevolg van de infiltratie van Amoritische stammen. Mari werd een Amoritisch koninkrijk en speelde in Syrië een dominante rol tot haar inname door de Oud Babylonische koning Hammurabi. Onder Mari's koning Zimrilim duikt Ugarit, aan de Syrische kust, voor het eerst prominent op, hij onderneemt een reis naar de stad. De havens langs de Syrische kuststrook fungeerden in deze periode ondermeer als een belangrijk doorgeefluik in de koperhandel, net als bij Zimrilims bezoek aan Ugarit getuigen ook hier de teksten uit Mari van deze handel. Keramiek van Cypriotische en Minoïsche afkomst wordt gevonden op verschillende sites langs de kust en wijzen op deze commerciële contacten.

Syrië staat tijdens de Midden Bronstijd onder invloed van de supermachten van die tijd: in het noorden de Hettieten, vanuit het zuiden Egypte en in het oosten Mesopotamië. De kuststeden van Syrië, zoals Ugarit en Tell Tweini, lagen op het kruispunt van deze invloedssferen. Byblos, in het noorden van Libanon, telde verscheidene koningen aan het hoofd van een stadstaat die sterk onder Egyptisch invloed stond.

1.3 Late Bronstijd

De internationale connecties van Syrië werden in de Late Bronstijd, ca. 1600-1200 v. Chr., intensiever. Bewijs van een dergelijk maritiem handelsnetwerk is het talrijke Cypriotisch en Mykeens aardewerk dat op de sites langs de Syrische kust massaal aangetroffen worden. De cargo van het scheepswrak van Uluburun, gevonden voor de Turkse zuidkust, illustreert de uitgestrekte handel over zee met goederen vanuit het volledige Oost-Mediterrane gebied (YALÇIN, PULAK en SLOTTA 2005).

In de Late Bronstijd, ontstonden er verschillende koninkrijken langs de Syrische kust, die een sterke onderlinge competitie kenden. In het noorden van de kuststreek was Ugarit het centrum van een koninkrijk en naar het zuiden manifesteerde zich het Koninkrijk Amurru, met als uitvalsbasis Sumur (Tell Kazel), tussen Ugarit en Amurru lag het Koninkrijk van Sianu. Deze koninkrijken waren in de Late Bronstijd een speelbal tussen Egypte en het rijk van de Hettieten.

Tell Kazel kende in deze periode een monumentale residentie en een tempelkwartier. Er werden eveneens zeer luxueuze voorwerpen aangetroffen, waaronder faience kralen, rolzegels en geïmporteerd vaatwerk (BADRE 2006: 65-95).

Ugarit (Ras Shamra), samen met haar haven Mahadu (Minet al-Beida), beleefde in de Late Bronstijd haar bloeiperiode, het werd de belangrijkste politieke entiteit van de noordelijke Levantijnse kuststrook en speelde tevens een rol in de internationale politiek. De stad telde ondermeer een koninklijk paleis, verschillende tempels, aristocratische huizen en woonwijken. Het paleis van Ugarit had een honderdtal kamers en werd als één van de wonderen van de Late Bronstijd gezien. De woonhuizen hadden een vast plan, de kamers lagen rond een centrale koer en onder deze koer of een kamer bevond zich het familiegraf. Niet alleen de woningen maar ook de graven en hun inhoud verraden een sociale differentiatie. Het, te Ras Shamra talrijk gevonden tekstmateriaal, geschreven in Akkadisch, Ugaritisch, Sumerisch, Hettitisch, Hurritisch en Sypro-Minoïsch informeert over de administratieve, diplomatieke, economische en religieuze gebeurtenissen in deze tijd, ze vormen de belangrijkste historische bronnen voor de Syrische kustregio. (YON 2006)

Overal waar te Tell Tweini op bewoninglagen van de Late Bronstijd gestoten wordt, komen architecturale structuren aan het licht. Deze zijn te herkennen aan de hand van het aardwerk, zoals *"White Slip Ware"* uit Cyprus en Mykeens aardewerk versiert in de *"Charioteer Style"*. De Mykeense *"Charioteer Style"* keramiek was mogelijk een exclusief exportproduct voor de Levantijnse kusten dat via Cyprus werd ingevoerd. Dankzij literaire bronnen uit Ugarit, weten we dat Tell Tweini geïdentificeerd kan worden met het oude Gibala, een stad die behoorde tot het Koninkrijk Ugarit (AL-MAQDISSI, VAN LERBERGHE, BRETSCHNEIDER en BADAWI 2007: 20-21).

Het einde van de Late Bronstijd wordt gekenmerkt door een reeks catastrofale gebeurtenissen in het oosten van de Middellandse Zee. Zo gaat het rijk van de Hettieten ten onder, wordt Ugarit verwoest en krijgen ook Cyprus en Egypte af te rekenen met een nieuwe vijand. Deze gebeurtenissen worden traditioneel toegewezen aan de Zeevolkeren. De annalen van Ramses III, geschreven op de muren van de tempel te Medinet Habu, verhalen dat de Zeevolkeren hun kampen opsloegen aan de zuidelijke kusten van Syrië, in het Koninkrijk Amurru, dit nadat ze de plaatselijke bewoners uitgemoord hadden. Toch tonen recente ontdekkingen te Tell Kazel en Ras Ibn Hani aan dat de vernietiging niet totaal was, kort na de verwoestingen tonen deze sites een bescheiden herbewoning. Dit doet vermoeden dat er geen complete breuk was met de voorgaande periode zoals vaak wordt aangenomen.

2. Dood en begraving in de Bronstijd

"*Glazuur zal op mijn hoofd gegoten worden, plaaster op de boven-kant van mijn schedel, de dood van alle mensen zal ik sterven, sterven zal ik inderdaad*" (KTU 1.17 36-38 - HEALEY 1995: 189)

Dit fragment is afkomstig uit de Ugaritische legende over de koning Aqhat en illustreert de rituelen die plaats hadden bij de begraving van een koning. Het gebruik van plaaster toont gelijkenissen met de beplaasterde schedels van Jericho uit het Neolithicum en het overplaasteren van schedels elders in de Levant (MARGALIT 1995: 251), al moet er op gewezen worden dat er een tijdsperiode van ca. 5000 jaar zit tussen deze neolithische praktijk en de hierboven vermelde tekstpassage.

De dood en de vooroudercultus speelden een belangrijke rol in de culturen van de Levant, hun visie over de dood toont grote overeenkomsten met de ideeën van de rest van de Mesopotamische wereld. In het Oude Nabije Oosten was er een algemeen geloof in het bestaan van een onderwereld, een parallelle wereld gelegen onder de grond of in een onbereikbare plaats. De onderwereld wordt omschreven als een donkere, stoffige en onaangename plaats waar ook demonen en goden leefden. (BLACK en GREEN 2003: 180)

De Mesopotamische onderwereld was georganiseerd als een koninkrijk, waarover Ereshkigal (de koningin van de onderwereld) en haar echtgenoot Nergal heersten. Ze bezaten een paleis met zeven poorten die leidden naar een groot binnenhof. De zeven poorten werden bewaakt door de poortbewaker Neti, waaraan de overledene toestemming moest vragen om het dodenrijk te betreden. Volgens de Ugaritische traditie was Môt (de dood) de heerser van de onderwereld, die men eveneens als een stad beschouwde (ASTOUR 1980: 228-230).

De kerngedachte van de voorvadercultus, was het geloof dat het offeren van voedsel en dranken door de levenden de doden sterkte in de onderwereld (BLACK en GREEN 2003: 180). De plaats van deze offers was het graf en dit stond aldus centraal in de voorvadercultus, doorheen de Bronstijd zijn deze graven voornamelijk te vinden onder de vloeren van huizen.

2.1 De archeologische resten

Het onderstaande overzicht geeft per vondstplaats enkele goed gekende grafcontexten langs de Syrische kust en hun belangrijkste gemeenschappelijke kenmerken. Het merendeel van de graven uit de Bronstijd werd teruggevonden te Ras Shamra en Minet el-Beida.

2.1.1 Tell Tweini

In Tell Tweini werden elf graven uit de Bronstijd aangetroffen waarvan tien aan de Midden Bronstijd kunnen toegewezen worden en een aan de Late Bronstijd. De begraving vond steeds plaats binnen de stadsmuren, onder koeren of huisvloeren. Dit is een gekend fenomeen voor de Bronstijd in de Levant (HAMEEUW en JANS 2008)

Drie categorieën van begraving kunnen in Tell Tweini onderscheiden worden: eenvoudige putgraven, bijzetting in vaatwerk en begraving in funeraire constructies.

Van de vier eenvoudige putgraven is de interessante deze van een vrouw met kind uit de Midden Brons II periode, wiens putgraf afgezet was met stenen (Fig. 1). De ongeveer twintig jaar jonge vrouw werd op haar zij geplaatst, ze hield het eenjarige kind in haar armen ter hoogte van de schouders. De bijgaven bestonden uit Cypriotisch en lokaal vaatwerk, een figurine en een silex werktuig, aan de voeten lag de schedel van een rund en ander dierlijk botmateriaal. De begraving van een volwassene samen met een kind komt slechts zelden voor in de Levant, mogelijk is het een jonge moeder met haar kind.

Fig. 1: Putgraf met vrouw en kind, TWE-A-00934 – Foto J. Bretschneider

Uit de Midden Brons-
tijd kennen we vijf begravingen in opslagkruiken
(Fig. 2), het gaat steeds
om zuigelingen of kinde-
ren. Deze manier van
begraving is een gekend
fenomeen uit de Midden
Bronstijd in de Levant
(met onder andere paral-
lellen te Tell Arqa) en ook
in de Late Bronstijd komt
dit nog voor. De bijgaven
die de overledenen mee-
kregen, zijn vaak beperkt

Fig. 2: Kruikbegraving in Tell Tweini,
TWE-A-00051 – Foto G. Jans

tot vaatwerk en tonen overeenkomsten met de bijgaven uit de Midden
Brons II periode gekend uit Tell Arqa en Ugarit.

Een derde graftype zijn architecturale constructies uit onbewerkte
stenen. Te Tell Tweini werden drie dergelijke structuren aangetroffen.
In een sondage, centraal op de tell, werd een koepelvormig graf uit
onbewerkte stenen blootgelegd dat het skelet van een jonge man, een
kruik, een bronzen ring en pin bevatte. Een groot collectief graf, gelegen onder de vloer van een woonhuis, kende een gelijkaardige gewelfde
constructie. Een schacht en een dromos (toegangsweg) leidde naar deze
koepelvormige grafkamer. Minstens 58 individuen werden hier begraven, een deel van de resten van de skeletten werd langs de muur opeen-
gestapeld bij de inhumatie van een nieuwe overledene. Het merendeel
van de bijgaven werd aan de ingang van de grafkamer geplaatst en
bevatte bronzen objecten, een rolzegel, een figurine, parels en een grote
variatie aan keramiek (waaronder olielampen, die tussen de stenen van
het gewelf geplaatst waren). Enkele kleine ronde openingen in de platte
dekstenen en een bassin uit plaaster (zonder enige parallellen met andere
sites) zouden een aanwijzing kunnen zijn voor een vooroudercultus en
het gebruik van libatie (zie *infra*). Dit graftype is goed gedocumenteerd
voor de Midden Bronstijd in de Levant, met parallellen oa. in Ugarit,
Megiddo en Tel Dan.

De derde structuur werd aangetroffen op het westelijke plateau van de
tell en wordt door de opgravers geïnterpreteerd als een silo die in de Midden Bronstijd herbruikt werd als graf. Het silograf bevatte twee skeletten
van volwassenen die vermoedelijk tegelijkertijd waren bijgezet. De

belangrijkste vondst in dit graf is een "duckbill" bronzen bijl (Fig. 3), een typisch Midden Brons I bijltype. Een graf met een dergelijke bijl wordt door sommige archeologen als een strijdersgraf geïnterpreteerd. Men dient echter voorzichtig om te springen met deze term, aangezien de bijl mogelijk een prestige object was, dat nooit voor militaire doeleinden werd gebruikt. Dergelijke graven zijn welgekend voor de Levantijnse Midden Bronstijd, men treft ze aan van Ugarit (de graven van de *"porteurs des torques"*) tot Tell ed-Dab'a in de Nijldelta (BIETAK 1996: 10-15). Andere voorbeelden zijn het strijdersgraf van Tell Arqa, de silograven uit Tell Iris en Amrit.

Fig. 3: Duckbill bijl uit Tell Tweini –
Foto B. Vandermeulen

2.1.2 Tell Sukas

In een sondage te Tell Sukas, werd een collectief graf uit de Midden Bronstijd aangetroffen. Het gaat om een put waarin, doorheen de periode dat het graf in gebruik was, 41 overledenen werden bijgezet. Naast de overvloedige hoeveelheid keramiek, omvatten de bijgaven een bronzen schachtbijl, vier bronzen pinnen en een rolzegel uit steatiet. Wanneer een nieuwe dode in het graf werd bijgezet, werden de oudere resten naar de kanten van het graf geschoven en gaf men de zopas overledene een centrale plaats. Dit fenomeen, dat mogelijk in een familietraditie kaderde, wijst op een langdurig gebruik van het graf (THRANE 1978: 49-50).

2.1.3 Ras Shamra (Ugarit)

Ras Shamra en haar haven, Minet el-Beida, kenden sinds hun ontdekking eind jaren 1920, bijna jaarlijks opgravingscampagnes die tot op heden doorlopen. Meer dan 200 graven werden te Ugarit aangetroffen. In navolging van de Levantijnse traditie, bevinden de graftombes zich onder de woonhuizen en het paleis. Het gaat om gewelfde grafkamers, vooraf-

gegaan door een dromos of toegangsweg. Zowel de grafvond-
sten als de graf- en huisarchi-
tectuur wijzen op een lang
gebruik van de tombes en het
belang van een vooroudercultus.

Uit het begin van de Midden
Bronstijd troffen archeologen
de 'strijdersgraven' van de zogenaamde "*Porteurs des Torques*"
aan, ze bevatten halskettingen,
duckbill bijlen, dolken en speer-
punten (COURTOIS 1979: 1151-
1152).

Voor de tweede helft van de
Midden Bronstijd en de Late
Bronstijd, zijn de structurele
graven de belangrijkste funeraire overblijfselen. Op basis
van de architecturale resten is
een evolutie van de graftomben
op te merken. Deze uit de Midden Bronstijd zijn kleiner en
opgebouwd uit onbewerkte of
ruwbewerkte stenen, ze hebben
een vloer uit aangestampte
aarde, een dromos met verticale

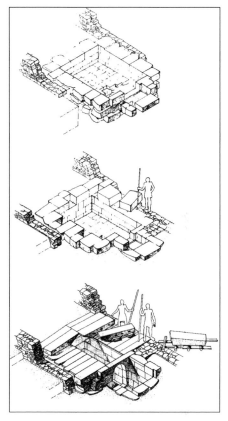

Fig 4: Graf XIII te Ugarit
(CALLOT 1994: 374)

toegang en soms een knekelhuis. Deze tombes kenden een hoogtever-
schil tussen de dromos en de grafkamer (SCHAEFFER 1938: 206). In de
Late Bronstijd zien we langere en meer complexe graftombes ontstaan
(Fig. 4). De dromos werd groter, net als de toegang tussen de dromos en
de grafkamer. Het knekelhuis werd vervangen door funeraire putten of
extra kamers langs de grafkamer en in de muren verschenen nissen en
ramen. De dromos lag ongeveer op dezelfde hoogte als de grafkamer en
de schacht veranderde in een trap. Sommige van deze Late Bronstijd graven waren opgebouwd uit zorgvuldig gekapte harde stenen. Deze regelmatige stenen zijn karakteristiek voor de derde en laatste fase in de evolutie van de graftombes van Ugarit (HAMEEUW 2003: 18). De grafkamers
werden in deze fase groter en de vloer is vaak geplaveid met harde stenen, als voorbeeld graf XII uit Ras Shamra (Fig 4).

2.1.4 Besluit

Drie graftypes die in de loop van de Bronstijd aan de Syrische kust voorkwamen, kunnen onderscheiden worden: begraving in eenvoudige putgraven, in vaatwerk en in stenen grafconstructies. Bij een eenvoudig putgraf wordt de grafkuil soms omringd door stenen. De doden bijgezet in funerair vaatwerk, zijn voornamelijk kinderen en zelden adolescenten. De monumentale grafconstructies zijn voornamelijk bekend uit Ugarit. In sommige gevallen (geattesteerd voor Tell Tweini en Amrit) werden silo's herbruikt als grafstructuur.

Naast individuele bijzettingen, treffen we ook collectieve graven aan, zoals te Ugarit, Tell Tweini, Tell Arqa en Tell Sukas. Deze graven kenden een lange periode van gebruik.

De bijgaven zijn vaak beperkt tot enkele potten, soms kreeg de dode een bronzen voorwerp of een kralenketting mee. Kindergraven kennen opvallend minder bijgaven dan de graven van volwassenen. Verschillende graven uit het begin van de Midden Bronstijd worden op basis van hun bijgaven krijgersgraven genoemd (voorbeelden zijn uit Tell Tweini, Ugarit en Tell Arqa gekend).

2.2 Vooroudercultus en begrafenisrituelen

De informatie aangaande de Bronstijd grafrituelen en de voorouder-cultus aan de Syrische kust zijn beperkt. De historische bronnen over deze thema's zijn uitsluitend afkomstig uit Ugarit en betreffen vooral lite-raire composities die handelen over grafrituelen en voorouder cultus in koninklijke context (VAN DER TOORN 1996: 154). Voor de grafrituelen bij de gewone bevolking, is het voornamelijk teruggrijpen naar de archeolo-gische resten. Voor de noordelijke Levant zijn er nog geen grafschriften aangetroffen, dit in tegenstelling tot de graven uit de zuidelijke Levant (HEALEY 1995: 188).

Het verhaal van Aqhat (KTU 1.17-19), over koning Danel die geen zoon kan krijgen, toont het belang van de voorouder cultus aan, het helpt de interpretatie van de archeologische resten. Aangezien de afwezigheid van een zoon nefast is voor de voortzetting van de voorouder cultus, offert de koning zeven dagen na elkaar. Op de zevende dag verschijnt de god Ba'al aan hem. Op zijn beurt vraagt Ba'al aan de hoofdgod El om Danel een zoon te schenken, waarbij hij opsomt wat de zoon zou moeten doen. De eerste taken zijn: *"Om een stèle op te richten van zijn vaders god in het heiligdom, de ztr-stèle van zijn clan, om zijn ziel te bevrijden in de onderwereld, om de aarde van zijn rustplaats te bewaken ..."* (Voor een volledige vertaling zie MARGALIT 1989: 144-166). De taken wijzen op het uitvoeren van grafrituelen voor zijn vader, het onderhouden van zijn graf en het voortzetten van de vooroudercultus. De passage illustreert het belang van de vooroudercultus, het resulteerde in de Bronstijd in het inrichten van graven onder de ouderlijke huizen.

Het Aqhat verhaal licht tevens nog andere, eerder bizarre, rituelen toe die toegepast werden voordat de doden begraven werden (KTU 1.19:I: 7-11). "*Ze snijdt in het tandvlees van zijn mond, ze neemt zijn tanden vast en trekt ze uit, ze maakt een incisie in zijn hoofd, in overeenstemming met de wil van de goden van de onderwereld en de instructies van de grafbewoners*" (MARGALIT 1995: 251). In hoeverre een dergelijk ritueel werkelijk plaats had, is niet geweten, er zijn geen sporen van het gebruik teruggevonden in Bronstijd bewoningslagen.

In dezelfde legende worden ook klaagvrouwen vermeld, die de held Aqhat bewenen (MARGALIT 1989: 164). De aanwezigheid van klaagvrouwen bij een begrafenis is bekend in het gehele Nabije Oosten en het Mediterrane gebied.

Een tweede tekst die de dodencultus kan illustreren, is een funeraire tekst uit Ugarit (KTU 1.161), die een analoge tekst kent in Mari. De eerste zin is letterlijk "*De liturgie van het funeraire offer*". Het beschrijft een ritueel voor de voorouders van Ammurapi III (1200-1182 v. Chr.), de laatste gekende koning van Ugarit. De tekst begint, net als in de Mesopotamische teksten, met het aanroepen van de voorouders, daarna wordt de koninklijke troon en de "koninklijke tafel" aangespoord te huilen. Vervolgens werd aan de zonnegod Shapash gevraagd om de dode koning naar de onderwereld te begeleiden en werden er zeven offergaven en een vogel geofferd. Het eindigt met een zegen over de huidige koning. Waarschijnlijk werd deze tekst gebruikt bij de begrafenis van koning Niqmaddu III (1210-1200 v. Chr.). Er werd afscheid genomen van de oude koning en in de laatste regels wordt de nieuwe koning onthaald (TROPPER 1989: 144-150).

Na het begraven van de doden, vonden regelmatig offerrituelen plaats. Tijdens de opgravingen in Ugarit zijn er tussen de tombes en de huizen verschillende putten, kanalen en gangen aangetroffen en in de kamers boven sommige tombes werden putten, geulen en keramische buizen teruggevonden. C.F.-H. Schaeffer interpreteerde deze als libatie-installaties voor de dodencultus. Deze interpretatie werd ook overgenomen naar de andere graven waar holtes en kanalen waren aangetroffen (NIEHR 2006: 10). W.T. Pitard spreekt deze interpretatie tegen, hij meent dat de holten en kanalen niets met libatie te maken hebben, maar onderdelen van waterinstallaties van de stad zijn (PITARD 1994: 20-37). Zeker is, dat het gebruik van libaties in de voorouderçultus over het ganse Oude Nabije Oosten bekend is. Ook te Tell Tweini zijn er enkele kleine ronde openingen in de platte dekstenen van een graf en een bassin uit plaaster gevonden, die mogelijk met libatie te maken hebben (HAMEEUW en JANS 2008).

Leven met de doden in huis, is net als elders in het Oude Nabije Oosten typisch voor de Bronstijd in de Levant. Deze traditie wordt in verband gebracht met de voorouderçultus, waarover verschillende historische bronnen getuigen. In de IJzertijd verdwijnt de begraving onder huizen en worden de doden begraven op necropolen buiten de nederzettingen.

3. Bibliografie

AKKERMANS P.M.M.G. en SCHWARTZ G.M. 2003. *The Archaeology of Syria. From Complex Hunter-Gatherers to Early Urban Societies (ca 16.000 - 300 BC).* Cambridge.

AL-MAQDISSI M., VAN LERBERGHE K., BRETSCHNEIDER J. en BADAWI M. 2007. *Tell Tweini. De Syro-Belgische opgravingen* (Documents d'archéologie Syrienne 10). Damascus.

ASTOUR M.C. 1980. The Nether World and Its Denizens at Ugarit. In *Death in Mesopotamia (Mesopotamia 8)* ed. B. Alster. Kopenhagen. 227-238.

BADRE L. 2006. Tell Kazel-Simyra: A Contribution to a Relative Chronological History in the Eastern Mediterranean during the Late Bronze Age, *Bulletin of the American Schools of Oriental Research 343.* 65-95.

BIETAK M. 1996. *Avaris, The Capital of the Hyksos, Recent Excavations at Tell el Dab'a*, Londen.

BLACK J. en GREEN A. 2003[2] *An illustrated Dictionary: Gods, Demons and Symbols of Ancient Mesopotamia.* London.

CALLOT O. 1994. *La trachée "Ville Sud", Etudes d'architecture domestique* (Ras Shamra-Ougarit 10). Parijs.

COURTOIS J-C. 1979. Ras Shamra, S*upplément au Dictionnaire de la Bible, tome 9.* 1124-1295.

HAMEEUW H. en JANS G. 2008. Les tombes de Tell Tweini du chantier A. In *Tell Tweini huit campagnes de fouilles syro-belges (1999-2007)*, eds. Al-Maqdissi M., Van Lerberge K., Bretschneider J. en M. Badawi. Damascus (in druk).

HAMEEUW H. 2003. *The Ugaritic Ancestor Cult Seen in a Wider Ancient Near Eastern Perspective Using Phililogical and Archaeological Data.* Leuven. (Ongepubliceerde Masterthesis)

HEALEY J.F. 1995. Death in West Semitic Texts: Ugarit and Nabataea. In *The Archaeology of Death in the Ancient Near East,* eds. S. Campbell en A. Green. Oxford. 188-191.

MARGALIT B. 1989. *The Ugaritic Poem of AQHT.* Berlijn.

NIEHR H. 2006. The Royal Funeral in Ancient Syria. A Comparative view on the tombs in the palaces of Qatna, Kumidi and Ugarit. *Journal of Northwest Semitic Languages 32/2*: 1-24.

PITARD W.T. 1994. The Libation Installation of the Tombs of Ugarit. *Biblical Archaeologist 57.* 20-37.

SCHAEFFER C.F-A. 1938. Les fouilles de Ras Shamra-Ugarit, neuvième campagne (printemps 1937). *Syria 19*: 193-255.

THRANE H. 1978. *Sukas IV, a Middle Bronze Age Collective Grave on Tell Sukas* (Publications of the Carlsberg Expedition to Phoenicia 5) Kopenhagen.

TROPPER J. 1989. *Nekromantie. Totenbefragung im Alten Orient und im Alten Testament* (Alter Orient und Altes Testament 223). Neukirchen-Vluyn.

VAN DER TOORN K. 1996. *Family religion in Babylonia, Syria and Israel. Continuity and Change in the Forms of Religious Life.* Leiden-New York-Keulen.

YALÇIN Ü., PULAK C. en SLOTTA R. 2005. *Das Schiff von Uluburun, Welthandel vor 3000 Jahren.* Bochum.

YON M. 2006. The City of Ugarit at Tell Ras Shamra. Winona Lake.

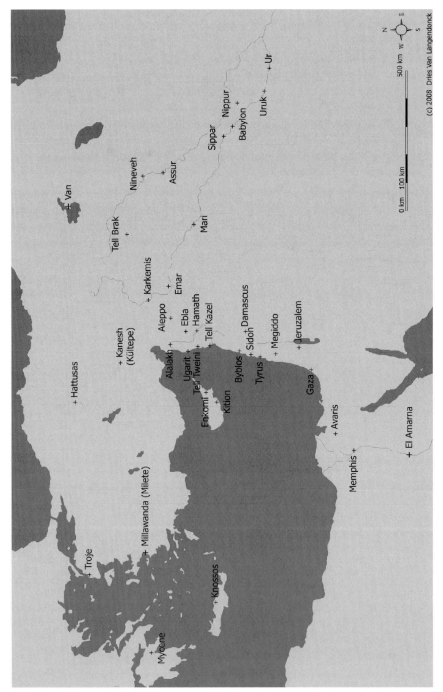

De Bronstijd in het Oude Nabije Oosten

IJZERTIJD –
HANDEL EN OVERZEESE CONTACTEN

JORDI BRUGGEMAN, NATASJA REYNS

1. Historisch overzicht

Over de overgang tussen de Late Bronstijd en de IJzertijd bestaat discussie. Sommigen zien het als een breuk door toedoen van de invallen van de Zeevolkeren, die er voor gezorgd hebben dat de grote centra uit de Late Bronstijd, zoals Ugarit, verdwenen (AKKERMANS en SCHWARTZ 2003: 361). In de nederzettingen van de zuidelijke Levant vindt men aanwijzingen voor continuïteit (KLENGEL 1992: 183-184). Recent onderzoek te Tell Tweini (BRETSCHNEIDER en VAN LERBERGHE 2008) en ook te Tell Kazel, Tell Sianu, Ras el-Bassit en Ras ibn Hani wijzen zeer waarschijnlijk ook op een continuïteit in de bewoning.

De IJzertijd in Syrië liep van 1200 tot 550 v. Chr., en was een periode van duidelijke politieke en economische evolutie. Een belangrijke ontwikkeling is de ingebruikname van ijzer. Dit was vermoedelijk een gevolg van een tekort aan tin, een noodzakelijke grondstof voor de productie van brons. IJzer kent vele voordelen; zo is het harder dan brons en is het ijzererts gemakkelijker te vinden, omdat de vindplaatsen ruimer verspreid zijn. Tegen het einde van het tweede millennium was ijzererts in het hele Nabije Oosten de voornaamste grondstof geworden voor wapens en werktuigen. Men kon overgaan op de productie van ijzer, daar men nu de technologie had om een hogere temperatuur te bereiken in de ovens. IJzer smelt namelijk pas bij ca. 1500°C, maar wordt al bewerkbaar vanaf 1100-1150°C. Zuiver koper smelt pas bij 1100°C, maar door de toevoeging van tin slaagde men erin de smelttemperatuur naar beneden te halen. Brons produceren was dus wel gemakkelijker dan het bewerken van ijzer (AKKERMANS en SCHWARTZ 2003: 360).

In deze periode werd de Levantijnse kust bewoond door de Feniciërs. Deze naam slaat niet op één volk verenigd onder één staat met centraal gezag, het gaat eerder om de bevolking van een aantal onafhankelijke steden met een gelijkaardige cultuur, die tot uiting komt in de materiële resten, gerecupereerd en bestudeerd dankzij opgravingen. De steden vertoonden onderling een sterke concurrentie (GUBEL 1986: 11).

De benaming 'Feniciërs' is afkomstig uit het Grieks, en zou slaan op de vermaarde paarse kleurstof waarmee ze hun stoffen verfden. Vermoedelijk waren de Feniciërs, die zichelf 'Canaänieten' noemden (MARKOE 2000: 10-12), de nakomelingen van de bewoners uit de Late Bronstijd, wat opnieuw wijst op continuïteit (AKKERMANS en SCHWARTZ 2003: 386).

Het Fenicische kerngebied wordt geografisch afgebakend door de Middellandse Zee in het westen, de Libanon bergketens in het oosten, het Karmelgebergte in het zuiden en de Akkarvlakte in het noorden. Tell Sukas wordt traditioneel als de meest noordelijke van de Fenicische steden beschouwd. In de kustcentra ten noorden hiervan zijn ook wel sporen van Fenicische aanwezigheid en/of handelsactiviteiten aangetroffen, zij het wel in mindere mate. De Noord-Syrische kust was cultureel een overgangsgebied, dat onder invloed stond van de Feniciërs, haar Mesopotamische overheersers en Zuid-Anatolische tradities.

De Fenicische taal behoorde, samen met o.a. het Hebreeuws, tot de Canaänitische talen. Deze behoren op hun beurt, samen met het Aramees, tot de Noordwest-Semitische taalgroep. Het alfabet zou, ter vervanging van het oorspronkelijk syllabische spijkerschrift, ontwikkeld zijn in de handelsstad Ugarit. Door deze verandering waren er minder tekens nodig om hetzelfde te kunnen uitdrukken. Het Fenicische alfabet telde 22 tekens en men schreef van rechts naar links. Toen de Grieken dit alfabet overnamen, voegden ze er klinkers aan toe (MARKOE 2000: 108-111).

Om in hun onderhoud te voorzien, deed de bevolking aan landbouw, waarbij ze bijvoorbeeld druiven teelden, waarvan onder andere wijn werd geproduceerd. Daarnaast behoorden ook veeteelt, jacht en visvangst tot hun economische activiteiten. De ligging aan de kust was ideaal om handel te drijven (GUBEL 1986: 11-14). Op hun, door commerciële motieven ingegeven tochten, werden in Cyprus, Sicilië, Noord-Afrika, het Iberische schiereiland, enz kolonies gesticht ter ondersteuning van hun handelsactiviteiten. Hiervan was het Noord-Afrikaanse Karthago, gesticht rond 814 v. Chr., de voornaamste (BUNNENS, SEMMLER, CAUBET en FERNÁNDEZ 1986: 32).

Naast het feit dat de Feniciërs ervaren handelslui waren en aan landbouw en veeteelt deden, weten we, door een citaat uit de Bijbel, dat ze ook gewaardeerde vakmannen waren (1 Koningen 5:1-10). Koning Hiram van Tyrus assisteerde bij de bouw van de tempel van Salomon door het zenden van gespecialiseerde manschappen.

Vanaf het einde van de 10de eeuw v. Chr. ondernamen de Assyrische vorsten een reeks campagnes, gericht tegen de gebieden in het westen. De

Fenicische steden kwamen definitief onder Assyrische heerschappij toen de Neo-Assyrische koning Tiglat-Pileser III (744-727 v. Chr.) aan de macht kwam (MARKOE 2000: 41). Vanaf dat moment kregen ze het statuut van vazalstaat. In die hoedanigheid moesten de steden tribuut betalen, wat ze onder andere deden door het leveren van via handel verkregen grondstoffen. Op die manier konden de Assyriërs de Fenicische handel in hun voordeel aanwenden (AKKERMANS en SCHWARTZ 2003: 386).

Op de bronzen poortversiering van het paleis van Salmanassar III in Balawat (BRODY 1998: 69) brengen de inwoners van de Fenicische stad Tyrus, in één van de scènes, tribuut aan de Assyrische heerser. Dit was echter geen louter negatief gegeven voor de Feniciërs die er op deze manier een nieuwe afzetmarkt bijkregen. Bewijs hiervoor zijn de in Nimrud en Arslan Tash teruggevonden Fenicische ivoren (Fig. 1 en 2) (BUNNENS, SEMMLER, CAUBET en FERNÁNDEZ 1986: 34).

Fig. 1: Fenicisch
ivoor uit Nimrud
(MALLOWAN 1978: 39)

Fig. 2: Fenicisch ivoor uit Arslan-Tash
(THUREAU-DANGIN, BARROIS,
DOSSIN en DUNAND 1931: pl. 27)

Over de handel bestonden duidelijke afspraken tussen de Feniciërs en de Assyriërs, deze worden onder andere duidelijk in een verdrag tussen de Assyrische koning Esarhaddon en Tyrus. Hierin staat dat wanneer men schipbreuk lijdt op Assyrische kust, vermoedelijk de noordelijke Levant, alle goederen die het schip bevat, toebehoren aan Assyrië. Aan de opvarenden werd niet geraakt, zij konden terugkeren naar Tyrus (BORGER 1956: 107-109).

Ten gevolge van de verzwakking van het Assyrische gezag kwamen de zuidelijke Fenicische steden in het laatste kwart van de 7de eeuw, toen Egypte Syrië en Palestina veroverde, onder Egyptische controle. Zo werd de Eufraat de nieuwe grens tussen de territoria van Egypte en Assyrië (KLENGEL 1992: 230).

In 604 werden de kustgebieden veroverd door Nebuchadnezzar II (604-562 v. Chr.) en ingelijfd in het Neo-Babylonische rijk, met ernstige gevolgen voor de Fenicische handel. Babylonië nam immers zelf de controle over de, voor de Feniciërs zeer belangrijke, cederhandel (MARKOE 2000: 41-54). Syrië vormde voor de Babyloniërs ook een belangrijke toegang tot de Middellandse Zee. Het maritieme en commerciële karakter van de verschillende Fenicische steden werd in deze periode benadrukt en verder uitgebouwd.

In 539 v. Chr., tot slot, viel de Levantijnse kust in handen van Cyrus de Grote (559-530 v. Chr.) en kwam ze onder Perzisch gezag. Op dit moment was Karthago een onafhankelijke entiteit geworden, die handel dreef in het westen van de Mediterrane wereld (MARKOE 2000: 41-54).

2. Handel en Overzeese contacten

2.1 Haven

De haven stond in de Fenicische maatschappij centraal. Het belang van deze havens wordt aangetoond door hun inplanting op regelmatige afstanden langs de Levantijnse kust. Ze konden zowel langs de kust als via rivieren licht landinwaarts liggen. Tell Kazel, waarschijnlijk het oude Sumur, was de hoofdstad van de kleine IJzertijdstaat Amurru. Sondages in het nabijgelegen Mintar doen vermoeden dat deze kleinere nederzetting een belangrijke haven was, die samen met Tell Kazel de scharnier vormde tussen de zee en het Syrische binnenland. Te Tell Tweini werd een gelijkaardige situatie teruggevonden.

Vaak waren de Fenicische havens gelegen aan een baai die al natuurlijke bescherming bood aan de schepen. Eilandjes of losstaande kades konden gebruikt worden als 'drijvende' havens voor buitenlandse handelsschepen en dienden ook als een soort barrière ter bescherming van de haven. Het creëren van dergelijke kades was een technisch hoogstandje van de Feniciërs. Men begon met het nivelleren van de ondergrond, waarop men, onder water, een verticale muur opbouwde uit rechthoekige, zonder mortel op elkaar geplaatste stenen blokken (MARKOE 2000: 69-70). Voorbeelden van zo'n havens vinden we o.a. in Sidon, Tyrus en Tripoli (JIDEJIAN 1971: 7-13).

De breedte van de haventoegang bepaalde of deze tot het open of gesloten type behoorde. Dit had invloed op de mogelijkheid om de haven af te sluiten in tijden van militaire crisis, wat echter bij beide types mogelijk is. Een derde mogelijkheid werd gecreëerd door de combinatie van beide types tot een dubbelhaven, bestaande uit een gesloten binnenhaven die in contact stond met een open buitenhaven (MARKOE 2000: 69-70).

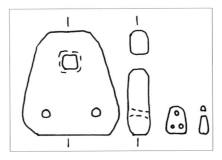

Ook in de religie zijn aspecten van de haven en de zeehandel terug te vinden. In Tell Sukas bijvoorbeeld trof men, gelegen in de zuidelijke haven, een openluchtheiligdom aan (RIIS 1979: 68). De

Fig. 3: Typisch anker van Kition (LIPINSKI 1992, "Ancres": 29-30)

vondst van kleine, soms verbrande, containers wijst op offers, gebracht aan de hier vereerde goden (AKKERMANS en SCHWARTZ 2003: 387), oa. Astarte en Melqart (RIIS 1979: 68).

Astarte, algemeen bekend als vruchtbaarheidsgodin, had daarnaast ook de functie van beschermster van de zeelui (BASLEZ 1986: 301-302), een functie die ze deelde met Melqart (RIIS 1979: 68). In Tell Kazel zijn sporen bewaard van de cultus van Astarte. Het betreffen, occasioneel beschilderde, terracottafigurines die de godin naakt voorstellen (CAPET en GUBEL 2000: 446-448).

Het belang van tempels in havensteden lag vooral in het in contact brengen van zeelui met hun beschermgoden, voor ze op reis vertrokken (BRODY 1998: 39). In een aantal haventempels, zoals die van Ugarit, Byblos, Kition (Cyprus) en Tell Sukas, zijn offergaven gevonden in de vorm van ankers (Fig.3). Het Fenicische anker-systeem bestond uit een doorboorde steen, dat als zinkgewicht fungeerde waaraan men een touw kon bevestigen (LIPINSKI 1992, "Ancres": 29-30).

Jaarlijks ging de eerste uittocht van de schepen gepaard met feestelijke ceremonies ter bescherming van de zeevaartactiviteiten (BARTOLINI 1988: 72), maar ook op schepen zelf zijn sporen in verband te brengen met het afsmeken van gunstige omstandigheden bij de goden. Het boegbeeld zou hierbij een belangrijke religieuze connotatie gehad hebben (BRODY 1998: 63).

2.2 Scheepvaart

De Feniciërs kenden twee verschillende manieren om zich te oriënteren op zee. Enerzijds maakte men overdag gebruik van kustnavigatie, waarbij men steeds land in zicht hield. Anderzijds waren ze de eersten om

Fig. 4: Foto van een scheepswerf in Arwad – Foto B. Bortolin

op basis van de sterren; hoofdzakelijk de poolster, te navigeren, waardoor men ook 's nachts kon varen. (BARTOLINI 1988: 72).

De Fenicische schepen waren opgebouwd uit houten planken waarbij de romp aan de binnenzijde versterkt werd door vakwerk. De bekleding bestond, waar bewaard, uit loodplaten die met pek en kopernagels op de onderzijde van de romp bevestigd waren (BARTOLINI 1988: 77).

Arwad, een klein eiland voor de Syrische kust en in de IJzertijd gekend voor zijn haven telde veel ervaren zeelui, die in verschillende vloten te werk gesteld werden. (LIPINSKI 2004: 280-282). Tot op heden bestaat op het eiland de traditie van houten scheepsbouw (Fig. 4).

Verschillende bronnen geven informatie over het uitzicht van de schepen: oude teksten, reliëfs, grafschilderingen, schaalmodellen in terracotta, afbeeldingen op keramiek, zegels, munten en steles, maar belangrijke bevindingen komen ook uit onderwaterarcheologie (BRODY 1998: 68).

Fig. 5: Schip voor kustnavigatie
(BARTOLINI 1988: 76)

Een gezonken schip dat mogelijk dateert uit de 13de eeuw v. Chr. werd ontdekt aan kaap Gelidonya. Het schip zou, met een cargo van koperen halffabricaten (SASSON 1966: 129), onderweg geweest zijn van Cyprus naar Griekenland toen het zonk. Ook in de haven van Karthago zijn vijf scheepswrakken gevonden (HURST 1994: 33-40).

Naast sloepen en vissersboten, kenden de Feniciërs verschillende scheepstypes. Bij de commerciële schepen zien we vooral de 'Hippoi', kleine handelsschepen voornamelijk bedoeld voor transport langs de plaatselijke kust of op rivieren (MARKOE 2000: 97), waarvan de naam verwijst naar een paardenhoofd aan de boeg.

Een tweede scheepstype is de 'Gauloi', wat zo veel betekent als 'rond', genoemd naar de vorm van de romp. Een transportschip met grote cargoruimte dat 4 keer zo lang was dan breed. De afgeronde achtersteven eindigde in een vissenstaart of spiraalvormige decoratie. Een paardenhoofd sierde de gekromde boeg en achter de voorsteven waren twee ogen aangebracht (Fig. 5). Hoewel de schepen beschikten over een hoofdmast met vierkant zeil, konden ze ook bestuurd worden door grote roeiriemen aan de bakboordzijde van de romp.

De militaire schepen waren, met een breedte/lengte ratio van 1 op 7, minder breed. De boeg was voorzien van een bronzen bek, bedoeld om de vijandelijke flank te rammen en te versplinteren (rostrum). Ook dit type schepen droeg ogen op de romp (BARTOLINI 1988: 74). Vooraan op het dek bevond zich het voorkasteel, dat tijdens de strijd werd gebruikt door boog- en katapultschutters, terwijl het achterkasteel bestemd was voor de kapitein en de officieren. De zeilen waren complexer dan bij een transportschip, vermits men er in de strijd zeer snel mee moest kunnen draaien. Het schip beschikte over roeiriemen aan beide zeiden en had twee masten, een centrale hoofdmast en een kleinere mast op de voorsteven.

Het eerste militaire schip dat de Feniciërs kenden, was de 'Penteconter', met ca. 50 roeiers. De 'Triaconter' of trireem was van de 7de tot de 4de eeuw v. Chr. in gebruik. Deze uitvinding is door de Grieken overgenomen, maar wordt toegeschreven aan de Feniciërs. De scheepsbemanning bestond uit ca. 80 roeiers aan elke zijde. Het vernieuwende aan deze schepen was dat de lengte van de schepen gereduceerd kon worden door roeiers op drie verspreide banken te plaatsen (BARTOLINI 1988: 75).

Commerciële schepen voeren enkel uit van maart tot oktober, vanwege de zachte en rustige weersomstandigheden. De militaire schepen echter, konden heel het jaar door uitvaren om te patrouilleren langsheen de kusten teneinde de piraterij in de hand te houden en om in geval van oorlog steeds alert te zijn (BARTOLINI 1988: 72).

2.3 Handel

Naast de hierboven besproken handel over zee, dreven de Feniciërs, door middel van groepen nomaden met dromedarissen die goederen via de karavaanroutes vervoerden, ook handel over land. Dromedarissen waren ideaal voor de droge gebieden van het binnenland. De dieren konden 10 dagen reizen, waarna ze 2 tot 4 dagen rust nodig hadden. De meeste nederzettingen die ze aandeden lagen dan ook een tiental dagen reizen van elkaar verwijderd. Per dag waren de karavanen in staat zo'n 40 à 45 km afleggen, bijgevolg duurde het, naar schatting, 2 tot 3 maanden om de Sahara te doorkruisen. Via de karavaanroutes werden graan, gerst, wol en artisanale producten naar de woestijnvolkeren gebracht, in ruil voor dadels, zout, ivoor en goud (LIPINSKI 2004: 210-214).

Dit maritieme en landelijke handelsnetwerk vormde de ruggengraat van de Fenicische maatschappij. Het plaatste de Levantijnse kust in het centrum van de commerciële wereld, de steden langs de kust fungeerden als het doorgeefluik van ontelbare gebruiksgoederen en luxeproducten.

Verschillende voorwerpen en materialen uit allerlei delen van de wereld importeerde men via handel, zowel over land als over zee (Fig. 6). Uit Egypte werd goud, zilver, linnen, papyrus, koeienhuid en

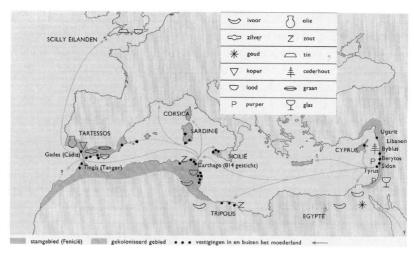

Fig. 6: Kaart met handelsproducten
(Nieuwe Geïllustreerde Lekturama Encyclopedie 1981: 1600)

touw aangevoerd terwijl men uit (of via) Assyrië, goud, zilver, lood, koper, ijzer, vee, ivoor, exotisch hout, olifantenhuid, linnen en wollen stoffen meebracht (MARKOE 2000: 13 en 95).

Struisvogeleieren, (Fig. 7) aangevoerd uit Noord-Afrika, werden polychroom beschilderd met antropomorfe gezichten, en met geometrische en florale motieven. Vanaf de 6de eeuw v. Chr. hadden ze een funeraire functie die mogelijk verband hield met wedergeboorte (MOSCATI 1988: 456-458).

De Feniciërs teelden druiven en olijven. De vondst van grote hoeveelheden transportamforen (Fig. 8) in sites opgravingen langs de Syrische kusten en ver daarbuiten wijst op de export van wijn en olijven of olijfolie. Niet alleen de eigen productie, maar ook wijn en olie uit andere streken werd verscheept. Dit was echter niet alleen het geval voor wijn en olie; alle geïmporteerde materialen en voorwerpen konden op hun beurt opnieuw verhandeld worden (MARKOE 2000: 94).

Fig. 7: Beschilderd struisvogelei (MOSCATI 1988: 457)

Op vlak van de keramiek kan men chronologisch drie grote fasen onderscheiden. In de vroegste fase (ca. 1200-900 v. Chr.) produceerde men ondermeer aardewerk met de bichrome decoratie-techniek (Fig. 9), gekenmerkt door geometrische motieven en brede rode of rood-paarse banden, afgelijnd met dunne grijze of zwarte lijnen. Typisch zijn ook de pelgrimsflessen (MARKOE 2000: 160).

In de volgende fase (ca. 900-700 v. Chr.) komt gepolijste 'Red Slip Pottery' voor die gevonden wordt in grote regionale steden en afkomstig zou zijn van de Levantijnse kust. Daarnaast vindt men geïmporteerde Cypriotische beschilderde waar (Fig. 10) en ook de import van Grieks aardewerk komt op.

Fig. 8: Transportamfoor (AUBET 1987: 244)

In de laatste fase (ca. 700-550 v. Chr.) komt aan de kust meer Grieks aardewerk voor en minder Cypriotische beschilderde waar. In deze periode verschijnen Neo-Assyrische imitaties. Ook 'Red Slip pottery' blijft voortbestaan (AKKERMANS en SCHWARTZ 2003: 363-366).

Fig. 9: Bichroom aardewerk (© Tell Tweini project – Foto B. Vandermeulen)

Bepaalde producten werden speciaal vervaardigd voor export. Beroemd was vooral hun voornaamste product, het 'purper van Tyrus', een paarse kleurstof voor textiel, verkregen uit de murex-slak. Men haalde de slakken uit hun schelp en verhitte ze tien

Fig. 10: Cypriotische
beschilderde waar
(© Tell Tweini project –
Foto B. Vandermeulen)

dagen lang in een tinnen vat met zout water. De productieplaatsen voor de paarse kleurstof lagen om geurhinder te beperken buiten de nederzetting. Tijdens de Romeinse periode en ook daarna nog, werd het dragen van de paarse kleur voorbehouden aan de keizer (MARKOE 2000: 163-164).

Sporen van deze purperproductie zijn, onder andere, gevonden in Tyrus en in Sarepta, waar grote hopen schelpen gevonden zijn. In Karthago werd, naast hopen gebroken schelpen, een groot vat aangetroffen. Door vergelijking met de verfinstallaties uit Pompei is men tot de conclusie gekomen dat dit eveneens mogelijk een container was voor (paarse) kleurstof (HURST 1994: 94).

Bronzen en zilveren schotels werden versierd met een centraal rond medaillon omringd door één of meer concentrisch gedecoreerde banden (MARKOE 2000: 148). De vervaardiging van gouden juwelen was een traditie die sinds de Bronstijd overgeleverd werd. Twee typische technieken hierbij zijn granulatie en filigraan. Bij de eerste gebruikt men kleine bolletjes goud; bij de tweede gouddraden (MARKOE 2000: 152).

Ivoren, voornamelijk gebruikt als inlegwerk ter versiering van meubels (MARKOE 2000: 146), werden gemaakt volgens twee stijlen: de Egyptische (Syrische) stijl en de Fenicische. Bij de laatste komen twee technieken aan bod. Bij de ajourétechniek is dat perforatie, waardoor men patronen verkrijgt. Bij de champlevétechniek bekomt men door het wegsnijden van de achtergrond, een scène in diep reliëf. Deze ivoren dienden voornamelijk als inlegwerk ter versiering van meubels (MARKOE 2000: 146).

In glas vervaardigde men kleine veelkleurige containers zoals alabastra, maar ook gekleurde maskerkraaltjes (Fig. 11), in de vorm van een mensen- of dierenhoofd.

Amuletten en scarabeeën in Egyptische stijl werden vervaardigd voor export (AKKERMANS en SCHWARTZ 2003: 387). Daarnaast produceerden de Feniciërs ook heel wat andere toilettoebehoren en paardentuig.

Fig. 11: Glazen
maskerkraaltje
(MOSCATI 1988: 474)

Cederhout tenslotte, was een belangrijk handelsproduct waarvoor ze gekend waren. De bomen groeiden aan de kusten en werden gekapt en vervolgens getransporteerd via schepen (MARKOE 2000: 28).

Door de economische expansiedrang van de Levantijnse kuststeden werd de IJzertijd, meer dan ooit, een periode waarin volkeren, ideeën en tradities over grote afstanden met elkaar in contact kwamen. Een dynamiek die door de Perzen, Grieken en Romeinen werd overgenomen.

3. Bibliografie

AKKERMANS P.M.M.G. en SCHWARTZ G.M. 2003. *The Archaeology of Syria. From Complex Hunter-Gatherers to Early Urban Societies (ca 16.000-300 BC)*. Cambridge.

AUBET M.E. 1993. *The Phoenicians and the West. Politics, Colonies and Trade.* Cambridge.

BARTOLONI P. 1988. Ships and navigation. In *The Phoenicians*, ed. S. Moscati. Milaan. 72-77.

BASLEZ M.-F. 1986. Cultes et dévotions des Phéniciens en Grèce: les divinités marines. In *Studia Phoenicia IV. Religio Phoenicia*, eds. C. Bonnet, E. Lipinski en P. Marchetti. Namen. 289-306.

BORGER R. 1956. *Die Inschriften Asarhaddons Königs von Assyrien.* Graz.

BRETSCHNEIDER J. en VAN LERBERGHE K. 2008. Tell Tweini à travers des millénaires. L'histoire et l'archéologie. In *Tell Tweini huit campagnes de fouilles Syro-Belges (1999-2007)* (Documents d'Archéologie Syrienne), eds. M. Al-Maqdissi, K. Van Lerberge, J. Bretschneider en M. Badawi. (in druk)

BRODY A.J. 1998. *Each man cried out to his god. The specialized religion of Canaanite and Phoenician seafarers* (Harvard Semitic Museum Monographs 58). Atlanta.

BUNNENS G., SEMMLER M., CAUBET A. en FERNÁNDEZ J. 1986. De Fenicische expansie en kolonisatie. In *De Feniciërs en de Mediterrane Wereld,* ed. E. Gubel. Brussel. 29-58.

CAPET E. en GUBEL E. 2000. Tell Kazel. Six Centuries of Iron Age Occupation (c. 1200-612 B.C.). In *Essays on Syria in the Iron Age* (Ancient Near Eastern Studies 7), ed. G. Bunnens. Leuven-Parijs. 425-457.

GUBEL E. ed. 1986. *De Feniciërs en de Mediterrane Wereld.* Brussel.

HURST H. 1994. *The circular harbour, north side. The site and finds other than pottery* (Excavations at Carthage. The British mission 2, 1). Oxford.

JIDEJIAN N. 1971. *Sidon through the ages.* Beiroet.

KLENGEL H. 1992. *Syria 3000-300BC. A Handbook of Political History.* Berlijn.

LIPINSKI E. 2004. *Itineraria Phoenicia* (Orientalia Lovaniensia Analecta 127). Leuven-Parijs.

LIPINSKI E., 1992, *Dictionnaire de la civilisation phénicienne et punique*, Turnhout.

MALLOWAN M. 1978. *The Nimrud Ivories*. Londen.

MARKOE G.E. 2000. *Phoenicians* (Peoples of the Past). Berkeley-Los Angeles.

MOSCATI S. 1988. Ostrich Eggs. In *The Phoenicians*, ed. S. Moscati. Milaan. 456-463.

Nieuwe Geïllustreerde Lekturama Encyclopedie. 1981. Amsterdam.

RISS P.J. 1979. *Sūkās VI. The Graeco-Phoenician cementery and sanctuary at the southern harbour* (Publications of the Carlsberg expedition to Phoenicia 7). Kopenhagen.

SASSON J. 1966. Canaänite Maritime Involvement in the Second Millennium B.C. *Journal of the American Oriental Society* 86, No. 2, 126-138.

THUREAU-DANGIN F., BARROIS A., DOSSIN G. en DUNAND M. 1931. *Arslan-tash atlas*. (Haut commisariat de la république Française en Syrie et au Liban. Service des antiquités et des beaux-arts. Bibliothèque archéologique et historique 16). Parijs.

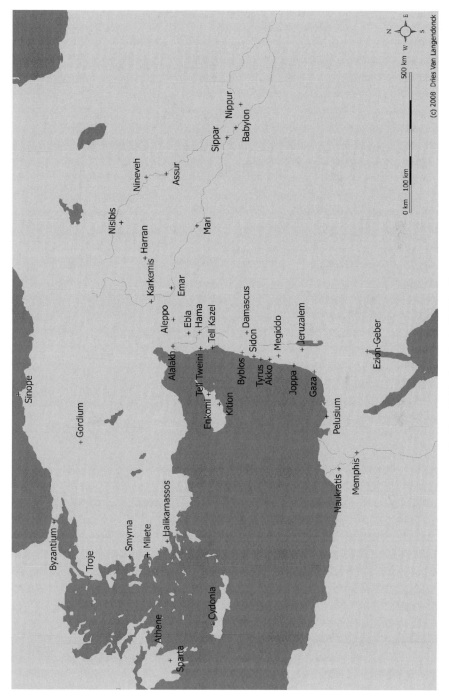

De IJzertijd in het Oude Nabije Oosten

DE ACHAEMENIDISCHE HEERSCHAPPIJ

ELISE DUFLOU

1. Van koninkrijk tot wereldrijk

Hoewel de herkomst van de Perzen of Achaemeniden, net als de manier waarop hun wereldrijk tot stand is gekomen, grotendeels in mysterie is gehuld, betekende hun komst in Syrië het einde van 2000 jaar betrekkelijk goed gedocumenteerde Semitische dynastieën (BRIANT 2005: 12). De geschiedenis van Perzisch Syrië ontsnapt ons bijna volledig, op enkele episoden na, Fenicië vormt hierop een uitzondering (SARTRE 1989: 9).

Rond 560-559 v. Chr. kwam Cyrus II (559-529 v. Chr.), later 'de Grote' genaamd, op de troon als eerste Perzische vorst. Twintig jaar later, op 13 oktober 539 v. Chr., werd Syrië, na vele veroveringen en na de inname van Babylon, een deel van het Perzische Imperium. Helaas zijn er weinig attestaties van deze Perzische aanwezigheid tot de komst van zijn oudste zoon en opvolger, Cambyses II, in 525 v. Chr. Dat suggereert dat de annexatie van Syrië vredevol moet zijn verlopen. Zo meldt de Griekse historicus Herodotus dat de Feniciërs zich vrijwillig aan de zijde van de Perzen hebben geschaard (SARTRE 1989: 10). De reden waarom Cyrus de Grote deze volkeren tot vriend wou houden, heeft te maken met zijn plannen om Egypte te veroveren (COOK 1983: 32-33). Hij werd echter in 530 v. Chr. vermoord tijdens een campagne in Centraal-Azië, waar hij de noordelijke grens van zijn uitgebreid imperium veilig had gesteld.

Cambyses II (529-521 v. Chr.) richtte zijn pijlen op het laatste grote onafhankelijke koninkrijk in het Oude Nabije Oosten, Egypte. De Fenicische koninkrijken weigerden Cambyses II ter hulp te schieten omdat deze laatste ook van plan was de oude Fenicische kolonie Carthago aan te vallen (SARTRE 1989: 12). Tijdens zijn terugreis van Egypte stierf Cambyses II. Zijn dood luidde de eerste grote crisis binnen het Perzische rijk in. Er barste een troonstrijd los. Pas na één jaar kon Darius I een eind maken aan deze strijd en zich tot koning uitroepen.

Darius I de Grote (521-485 v. Chr.) herorganiseerde het uitgestrekte rijk in 23 satrapieën of provincies (volgens Herodotus Historiën iii waren het er 20, *Historiën* 90-94), stelde satrapen aan en legde een jaarlijkse belasting vast (COOK 1983: 77). Onder Darius I bereikte het Perzische rijk zijn absoluut hoogtepunt, niet alleen qua territoriale uitbreiding, van de Indus tot de Balkan, maar ook economisch, met het slaan van een koninklijke munt. Dit hoogtepunt ging echter ook gepaard met de Eerste Perzische Oorlog tegen de Grieken, een gevolg van de opstand van de Griekse steden van Klein-Azië tegen de Perzische heerser (BRIANT 2005: 13).

In de loop van de daaropvolgende Perzische geschiedenis fungeert Syrië als doorgangsgebied en leverancier van vloten en mankracht voor talloze militaire expedities. Vanaf de 4de eeuw v. Chr. wordt Syrië meer en meer het strijdtoneel van confrontaties tussen vijanden, afkomstig zowel van binnen als buiten het rijk (SARTRE 1989: 12).

Xerxes I (485-465 v. Chr.) die aan de macht kwam in 485 v. Chr. stond voor de zware taak zijn vader Darius I op te volgen. Hij moest het rijk consolideren en de al opgestarte administratieve hervorming verder doorvoeren. Hij is echter vooral gekend omwille van de Tweede Perzische Oorlog (480-479 v. Chr). Bij het binnenvallen van Griekenland zorgden de Feniciërs ervoor dat het Perzische leger via de Hellespont het binnenland kon bereiken. De maritieme macht van het eiland Arados/Arwad, voor de kust van Syrië, vormde de ruggengraat van de Perzische vloot. Hoewel Xerxes I de overwinnaar was van de slag bij Thermopilae verloor hij een groot deel van zijn vloot in de slag bij Salamis in 480 v. Chr. Niettemin zorgde hij voor een sterke consolidatie van de centrale macht binnen zijn imperium (HUYSE 2005: 35). Dit conflict betekende het einde van de Perzische expansiedrang naar het westen.

Na de moord op Xerxes I vechtte verschillende van zijn zonen om de macht tot één van hen, Artaxerxes I (465-424 v. Chr.), de macht greep. Gedurende zijn regering bleven Griekenland en Egypte voortdurende aandachtspunten. Zijn bewind faalde echter en na zijn dood braken weer familiale conflicten uit tot zijn bastaardzoon de macht greep en de naam van Darius II (424-404 v. Chr.) aannam. Ook het begin van de regering van diens zoon, Artaxerxes II (404-358 v. Chr.), werd gekenmerkt door zware dynastieke conflicten. Cyrus de Jongere revolteerde tegen zijn broer Artaxerxes II en mobiliseerde 10.000 Griekse huurlingen, die Noord-Syrië doorkruisten om zijn broer aan te vallen. Ze keerden onverrichter zake terug naar Griekenland nadat Cyrus de Jongere de dood vond in een gevecht. De *Anabasis*, het reisverhaal van de Griekse militaire bevelhebber Xenophon, documenteert zowel de geschiedenis als de historische topografie van Noord-Syrië. Onder Artaxerxes II eindigde de Perzische heerschappij in Egypte. Pas in de 4de eeuw v. Chr. zouden de Perzen proberen deze heerschappij terug te winnen (BRIANT 2005: 14-15; COOK 1983: 210-212). Een meer dan moeilijke opdracht daar de Egyptische farao Tachos, geholpen door de Spartaanse koning Aegesilaus, Syrië bezette van 361 tot 360 v. Chr. (SARTRE 1989: 14).

Zijn opvolger, Artaxerxes III (358-337), kreeg problemen met Sidon, toen de machtigste Fenicische stad en maritieme mogendheid, dat bondgenoten vond in Egypte en elf andere Fenicische steden. Dit bondgenootschap werd verslagen waarna Sidon volledig werd verwoest en platgebrand. Deze Perzische vorst bracht ook Egypte terug onder Perzische heerschappij. Hij en zijn zoon werden echter vergiftigd en Kodomannus, een familieverwant, besteeg in 337 v. Chr. de troon als laatste Perzische koning en nam de naam Darius III (337-330 v. Chr.) aan. Hij had de capaciteiten om de Perzische heerschappij te herstellen ware het niet dat hij in november 333 v. Chr. te Issos, in Noord-Syrië, werd verslagen door Alexander de Grote (356-323 v. Chr.) en definitief te Gaugamela in 331 v. Chr.

Deze nederlaag betekende echter absoluut niet het einde van de Perzische ideologie. Alexander de Grote nam vele tradities over zodat we pas met de dood van Alexander de Grote in 323 v. Chr. echt van het einde van het Achaemenidische rijk kunnen spreken (BRIANT 2005: 17).

De interesse van de Perzen voor Syrië was tweeledig. Vooreerst was er de belangrijke strategische positie. Syrië was enerzijds een ideale uitvalsbasis om Egypte te bereiken, en anderzijds vormde het een belangrijke verbinding tussen Mesopotamië en Achaemenidisch Anatolië, waardoor de Perzen het lange traject via de bergen van oostelijk Anatolië konden vermijden. Daarnaast waren de Feniciërs zelf ook van kapitaal belang voor de Perzen. Niet alleen rekruteerden ze onder de Feniciërs de noodzakelijke troepen voor hun expedities en oorlogen (SARTRE 1989: 12), maar belangrijker nog, de Perzen waren ook volkomen afhankelijk van de Feniciërs voor hun vloot, die een beslissend deel uitmaakte van het Perzische leger (GUBEL 2000: 74).

2. Perzische archeologie

In de Syrische kustvlakte, zijn de materiële resten van de Achaemenidische periode schaars. De archeologische vondsten vinden we hoofdzakelijk langs de kust, in het Syrische binnenland beperken de vondsten zich vaak tot begraafplaatsen en een occasionele muntschat (SARTRES 1989: 9). Daarnaast worden archeologen geconfronteerd met bewoningshiaten. De Perzische aanwezigheid manifesteert zich occasioneel in versterkingen en gebouwen, zoals te Tell Arqa, Tell Kazel, Amrit, Qal'at el-Quz, Tell Sukas, Ras Shamra, Minet el-Beida en Ras el-Bassit. Aardewerk uit deze periode wordt op ongeveer alle opgravingen aangetroffen, al dan niet in grote hoeveelheden, maar deze volstaan niet om ons een volledig beeld te vormen van de bewoning gedurende de Perzische dominantie (Lund 1990: 15-16).

Gelukkig geven bepaalde sites iets meer prijs over hun Perzisch verleden. Een mooi voorbeeld hiervan is Jebleh, het antieke Gabala.

In het huidige stadsplan/stratenpatroon van het moderne Jebleh, zijn nog resten terug te vinden die teruggaan op de oude urbanisatie, ten tijde van de Perzen. Hoewel de bewijzen schaars zijn, moet het, gelegen aan een natuurlijke haven, een belangrijke stad zijn geweest in de Perzische periode. In de nabijheid van Gabala zijn ook munten en enkele graven met aardewerk gevonden uit de Achaemenidische periode.

Naar het noorden, te Lattakia, werden twee muntschatten geborgen. De eerste wordt verondersteld te zijn begraven rond 480 v. Chr. en bevat Griekse en Lydische munten. De tweede muntschat bestond enkel uit munten van Arados/Arwad en zou begraven geweest zijn rond 350-325 v. Chr. (Lund 1990: 19-20).

Op het vasteland, tegenover het eiland Arwad, lag Amrit waar een heiligdom, het *maabed*, was gewijd aan de Fenicische goden Melqart en Eshmun (Fig. 1). Men vond er twee graftorens waarvan één een basis bezit, versierd met gesculpteerde leeuwen in Perzische stijl. De aanwezigheid van dergelijke monumentale Perzische resten, gelinkt aan tempelarchitectuur langs de Syrische kust en in mindere mate in het binnenland, is zeer waarschijnlijk het gevolg van de goede relaties van de Achaemeniden met de Feniciërs (Curtis 2005: 41).

Fig. 1: Het '*maabed*' heiligdom te Amrit
(Gester en Wartke 2003: 20)

3. De Achaemenidische administratie

Zegels en munten zijn dagelijkse gebruiksvoorwerpen in de Perzische administratie, ook in de Syrische kusstreek worden ze op opgravingen aangetroffen.

Het Perzische Rijk omvatte op zijn hoogtepunt geheel of bijna geheel Iran, Irak, Syrië, Israël, Libanon, Egypte, Turkije en Cyprus, samen met delen van Afghanistan, Pakistan, Turkmenistan, Uzbekistan, Armenië en Griekenland (Fig. 2). Het bijeenhouden van een dergelijk uitgestrekt imperium vereiste een goed uitgebouwde administratie. Bewaard gebleven administratieve documenten, kleitabletten, papyri en munten werpen een licht op bepaalde aspecten van de Perzische administratie.

Ook de Griekse geschiedschrijver Herodotus verstrekt in zijn Historieën informatie over de Perzische bureaucratie (MEADOWS 2005: 181-182).

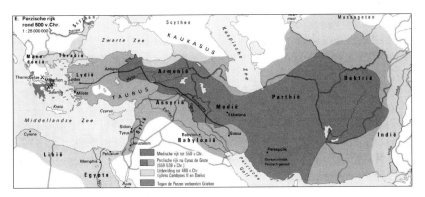

Fig. 2: Het Perzische imperium
(DE KEYSER, VAN EREM en LECLERCQ 1983: 2-E)

3.1 Satrapieën, satrapen en belasting

Hoewel de Perzen voor de administratieve indeling van hun rijk beroep deden op hun Neo-Assyrische en Neo-Babylonische voorgangers, was de situatie in de Syrische kustregio toch enigszins verschillend en complexer. De Perzen lieten de interne organisatie van Fenicische stadstaten, bestuurd door een koning, ongemoeid (SATRTE 1989: 11). De Feniciërs mochten hun eigen godsdienst beleven, eigen commerciële activiteiten ontplooien en kolonies stichten langs de Mediterrane kust.

Het behoud van de bestaande politieke en administratieve structuren, impliceerde echter niet dat Fenicië een grotere onafhankelijkheid genoot dan de rest van Syrië. De aanwezigheid van een satraap in Sidon en

Perzische garnizoenen in Akko en Tripolis zijn duidelijke getuigenissen van een lijfelijke en dominante Perzische aanwezigheid in die regio. De Perzische aanwezigheid uitte zich langs de Syrische kuststreek in een samenwerking met het koninkrijk van Arwad. Dit lokale koninkrijk controleerde het eiland Arwad en de kuststrook tussen de rivieren de Nahr el-Kebir en de Eleutheros en was de belangrijkste leverancier voor de Perzische vloot (BOIY 2008).

Cyrus de Grote deelde zijn imperium op in 20 provincies of satrapieën. Darius I trok het aantal satrapieën op tot 23 (Behistun-inscriptie) en legde hun definitieve organisatie vast. Voor een dergelijke provinciale indeling baseerde men zich op bepaalde bevolkingsgroepen, zodat een satrapie eigenlijk bestond uit een kerngroep, waaraan naburige volkeren werden toegevoegd. Per satrapie werd een satraap aangesteld. Deze was de persoonlijke regionale vertegenwoordiger van de Perzische vorst, belast met het behouden van orde en rust en het heffen van belastingen. Zijn hofhouding was op dezelfde manier georganiseerd als die van de koning. Zo had hij zijn eigen kanselarij en eigen geldelijke middelen ter beschikking. Tevens was hij ook de bevelhebber van zijn eigen troepen (HUYSE 2005: 81).

De Levant werd oorspronkelijk administratief ingedeeld bij de 3de satrapie van het Perzische Rijk en dit luidde voor deze regio een nieuwe bloeitijd in. Er bestaat echter grote onenigheid over het tijdstip waarop Syrië een autonome satrapie werd, afgescheiden van Babylonië. Zo spreekt Herodotus de ene keer over twee verschillende satrapieën, enerzijds Babylonië en anderzijds Syrië gehergroepeerd met Cyprus, terwijl hij in andere passages meldt dat Syrië bij Babylonië hoort. Het is best mogelijk dat Herodotus in zijn Historiën informatie uit verschillende periodes dooreen haalde. Indien het effectief om twee satrapieën gaat dan zijn ze mogelijk gesplitst kort na de opstand van Babylonië in 482 v. Chr., als straf voor deze rebellerende provincie. Wel weten we met zekerheid dat Syrië rond 462 v. Chr, een autonome satrapie was, onder de opvolger van Darius I, Xerxes I. Het bewijs wordt ons geleverd door een spijkerschrifttablet dat de naam van de satraap Belshunu vermeldt, verantwoordelijk voor Eber-Nari. In de officiële Perzische nomenclatuur vinden we Syrië ook terug als Athura (Oud-Perzisch) of Abar-Nahar (Aramees). Deze autonome provincie werd de 5de satrapie en bevatte de gebieden ten Westen van de Eufraat: West-Syrië, Libanon, Israël, Jordanië en Cyprus en waren gekend als Eber-Nari – "voorbij de rivier" (CURTIS 2005: 41). Vanaf dat ogenblik bleef Syrië een losstaande satrapie tot aan de Griekse verovering.

Slechts enkele namen van satrapen, verantwoordelijk voor Syrië, zijn ons gekend.

Gubaru, een vertrouweling van Cyrus de Grote, was de eerste Perzische satraap van Syrië en Babylonië. Na zijn dood in 530 v. Chr. hebben we nog weet van een zekere Ushtannu als satraap van Babylonië en Syrië.

De eerst gekende satraap van Syrië als autonome satrapie was, zoals eerder vermeld, Belshunu. Rond 456 v. Chr. werd hij vervangen door Megabyze. Deze revolteerde echter samen met zijn twee zonen Zopyros en Artuphios. Het kwam weliswaar tot een verzoening met Artaxerxes I, maar het is niet duidelijk of hij zijn post als satraap heeft behouden. Een andere satraap van Syrië was Abrokomas. Hij voerde rond 401 v. Chr. de Achaemenidische troepen aan in de opstand van Cyrus de Jongere tegen zijn broer Artaxerxes II. Abrokomas bleef zeker nog aan de macht tot 385-383 v. Chr.

Belesysfut was satraap in 351 v. Chr, ten tijde van de opstand van de Fenicische steden. Na deze revolte, in 345 v. Chr., werd Syrië toevertrouwd aan Mazaios, satraap van Cilicië, die in functie bleef tot 339-333. Mogelijk werd deze laatste vervangen door Arsames (of Arsamenes) in 333 v. Chr. Het is echter ook mogelijk dat deze laatste enkel een ondergeschikte was van Mazaios (SARTRE 1989: 10-11).

De eerste Perzische vorsten, Cyrus de Grote en Cambyses, inden nog op onregelmatige wijze belastingen. Met de hervorming van Darius I kwam hier verandering in. Onder hem werd een jaarlijkse belasting of tribuut in gewogen zilver of goud vastgelegd (COOK 1983: 77).

Als we de jaarlijkse belastinginkomsten van alle satrapieën samentellen, komen we uit op 250 ton zilver en 360 gouden talenten. In Persepolis

Fig. 3: De Syrische delegatie op een fries van tribuutdragers te Persepolis
(SCHMIDT 1957: iv)

kun je op de fries van de tribuutdragers onder andere de Syriërs onderscheiden. Het tribuut van Syrië bedroeg 'maar' 360 zilveren talenten.
Hoewel dit een niet onaardig bedrag was, kwam Syrië er in vergelijking
met Egypte, dat 700 zilveren talenten en 120.000 schepels graan moesten afdragen, nog relatief goedkoop van af (Fig. 3) (HUYSE 2005: 86-87).

3.2 Administratie en een nieuwe rijkstaal

Cilinder- of rolzegels speelden een belangrijke rol binnen de koninklijke administratie. Deze eeuwenoude zegelmethode, werd gedurende de
6de en 5de eeuw v. Chr. grotendeels vervangen door stempelzegels. Hoewel stempelzegels ook verder werden gebruikt onder de Perzen, was de
heropleving van de cilinderzegel onder Darius I hoogstwaarschijnlijk te
wijten aan prestige redenen. Vele van de gevonden afrollingen, onder
andere in de archieven van Persepolis, zijn kopieën van Assyrische ontwerpen uit de 7de eeuw v. Chr., de meeste ontwerpen zijn duidelijk Achaemenidisch (Fig. 4).

Fig. 4: Afrolling van een
grijs-blauwe chalcedone rolzegel
met Elamitisch opschrift
dat een ruiter afbeeldt die zijn speer
richt op een leeuw
(MEADOWS 2005: 189, 286°)

Die Achaemenidsiche zegels vermelden onder meer ook namen van
de koningen en hoge ambtenaren uit
de 5de eeuw. Deze 'koninklijke
zegels' behoorden waarschijnlijk niet
toe aan een persoon, maar aan de
koninklijke administratie.

Vanaf het midden van de 5de eeuw
v. Chr. verving het Aramees, een
alfabetisch schrift, het spijkerschrift.
Het cilinderzegel, dat afgerold werd
op klei, geraakte hierdoor in onbruik.,
waarmee een einde kwam aan onze
'dag tot dag' kennis van de administratie (MEADOWS 2005: 189).

De nieuwe officiële administratieve taal, het Rijksaramees, werd voor
een groot deel neergeschreven op vergankelijk materiaal met als gevolg
het haast volledig verdwijnen van administratieve en literaire bronnen
voor het moderne historische onderzoek. Een uitzondering zijn de
beschreven stukken aardewerk, de belangrijkste historische bronnen die
op de meeste Syrische kustsites teruggevonden worden.

Naast het Aramees werden ook Canaanitisch en talrijke dialecten
gesproken en geschreven. De keuze om over te schakelen op Aramees

was logisch, daar het gebruik van een eenvoudig alfabetisch schrift, in contrast tot het spijkerschrift, de organisatie en toegankelijkheid van de administratie in het uitgestrekte Perzische Rijk vergemakkelijkte.

3.3 Geld, geld en geld

Wanneer Cyrus II midden 6de eeuw v. Chr. Lydië bij zijn imperium inlijfde, kwam hij in contact met de muntslag en verkreeg hij ook controle over de koninklijke munt van de Lydische vorsten.

Pas met de invoering van de gouden *dareikon* en de zilveren *shekel* na 515 v. Chr., onder Darius I, kwamen andere afbeeldingen op de munt te staan.

Fig. 5: Zilveren stater van Mazaios, gezeten Baal en B'LTRZ op de voorzijde en op de keerzijde een leeuw die een hert aanvalt met het opschrift MZDI (MEADOWS 2005: 205, 359°)

Tevens werd ook een gewichtstandaard vastgelegd die gedurende lange tijd werd gehandhaafd (MEADOWS 2005: 200). Deze munten hadden niet zozeer een economische, maar eerder een sterke ideologische functie. Het aldus verspreidde beeld van de Perzische vorst met een boog, accentueerde zijn militaire kwaliteiten en had een propagandistische waarde.

Massief zilver, eerder dan muntstukken, bleef echter het betaalmiddel bij uitstek. De gebruikte gewichtstandaard voor het betalen in massief zilver werd overgenomen uit Babylonië en Assyrië, waar ze enkel gewogen massief zilver kenden (HUYSE 2005: 104).

Belangrijker voor Syrië is, naast de koninklijke muntslag, de muntslag van de koninklijke administratie door de satrapen. De grootste numismatische erfenis van alle Perzische satrapen hebben we te danken aan Mazaios. Als satraap van Cilicië en Syrië produceerde hij een indrukwekkende reeks munten, waaronder een kleine gouden uitgave. Een deel van deze productie kan geassocieerd worden met Mazaios' rol in de onderdrukking van een opstand in Egypte en de gerelateerde opstand in Fenicië, vooral die van de stadstaat Sidon. Na de herovering van Sidon werd de naam van Mazaios op de munt geslagen. Kenmerkend was de leeuw op de keerzijde van de munten (Fig. 5). Deze leeuwenstater zou later nog verder worden gemunt onder Alexander de Gote en zijn opvolger Seleucus I (MEADOWS 2005: 202).

Wat Syrië zelf betreft, melden de antieke auteurs dat het eiland Arwad een dominate positie innam langs de noordelijke kustlijn. Gabala

behoorde tot de invloedssfeer van Arwad. Munten van Arwad werden
gevonden te Al-Mina, Ras el-Bassit, Ugarit en Tell Sukas (LUND 1990: 29).

3.4 Wegen

De Perzen bouwden structureel aan een wegennet. De koninklijke weg,
die Sardis in Klein Azië met Susa verbond over een afstand van meer dan
2400 km, is hun bekendste staaltje. Hun wegen hadden zowel een politieke als strategische functie. Ze zorgden voor een snelle verspreiding
van troepen en boodschappen doorheen het rijk (HUYSE 2005: 69-71).
In de Gabala-vlakte zijn tot op heden geen concrete restanten teruggevonden van een wegennet uit de Perzische periode. P.J. Riis wist wel een
plan te reconstrueren van pre-Romeinse wegen (RIIS, THUESEN en LUND
2004: 129, fig. 21). Hiervoor baseerde hij zich op de Romeinse kustroute,
die waarschijnlijk het tracé volgde van de voormalige Perzische kustroute.
Tell Sukas, Gabala en Lattakia waren zo verbonden door een weg die de
kustlijn volgde en die verder noord- en zuidwaarts liep. Vanaf deze weg
vertrokken een aantal kleinere wegen, onder andere naar de vlakte van de
Orontes. De handel die Tell Daruk, Tell Sukas en Gabala dreven, moet
hoofdzakelijk gebaseerd zijn geweest op het verkeer dat noordwaarts,
zuidwaarts via de kust, of westwaarts naar Cyprus ging (LUND 1990: 27).
Dankzij deze wegen was het mogelijk het grote Perzische Rijk administratief te besturen.

4. Bibliografie

BOIY T. 2008. Gabala. Jebleh during the Hellenistic and Roman Periods. In *In Search
of Gibala*, eds. J. Bretschneider en K. Van Lerberghe. Barcelona. (In druk)

BRIANT P. 2005. History of the Persian Empire 550-330 BC. In *The Forgotten
Empire. The World of Ancient Persia*, eds. J. Curtis en N. Tallis. Londen: 12-17.

COOCK J.M. 1983. *The Persian Empire*. Londen – Melbourne.

CURTIS J. 2005. The archaeology of the Achaemenid Period. In *The Forgotten
Empire. The World of Ancient Persia*, eds. J. Curtis, en N. Tallis. Londen:
30-49.

GESTER G. en WARTKE R.-B. 2003. *Flugbilder aus Syrien, von der Antiker bis
zur Moderne*. Mainz.

GUBEL E. 2000. De Feniciërs. Volk van zeevaarders en handelslieden 1200-333
B.C. In *De Levant. Geschiedenis en archeologie in het Nabije Oosten*, ed.
O. Binst. Keulen: 74-79.

HUYSE PH. 2005. *La Perse Antique* (Guide de belles lettres des civilisations). Parijs.

DE KEYSER R., VAN EREM E. en LECLERCQ H. 1983. *Atlas van de Wereldgeschiedenis*. Leuven.

LUND J. 1990. *The Northern Coastline of Syria in the Persian Period. A Survey of Archaeological Evidence* (Transeuphratene 3. Etudes sur la Syrie-Palestine et Chypre à l'époque perse. Actes du Colloque international. La Syrie-Palestina à l'époque perse: pouvoir locaux et organisation du territoire. Institut Protestant de Théologie de Paris 29-31 mars 1989). Parijs.

MEADOWS A.R. 2005. The Administration of the History of the Achaemenid Empire. In *The Forgotten Empire. The World of Ancient Persia*, eds. J. Curtis, en N. Tallis. Londen: 181-209.

RIIS P.J., THUESEN I. en LUND J. 2004. *Topographical studies in the Ǧabla plain* (Publications of the Carlsberg expedition to Phoenicia 13). Kopenhagen.

SARTRE M. 1989. La Syrie sous la domination achéménide. In *Archéologie et histoire de la Syrie. Band II. La Syrie de l'époque achéménide à l'avènement de l'Islam*, eds. J-M. Dentzer en W. Orthmann. Saarbrücken: 9-18.

SCHMIDT E.F. 1957. *Persepolis II. Contents of the Treasury and other Discoveries* (Oriental Institute Publications LXIX). Chicago – Illinois.

DE HELLENISTISCHE PERIODE –
INDUSTRIE EN NIJVERHEID

VALERIE DE MARIE, WILLEM HANTSON,
DRIES VAN LANGENDONCK

1. Historisch Overzicht

Alexander de Grote moet een gelukkig man geweest zijn in de nadagen van 333 v. Chr. Niet alleen had de Macedonische koning het grote Perzische leger verslagen met de slag bij Issos (november 333 v. Chr.), maar hij had ook voor het eerst oog in oog gestaan met de Perzische koning Darius III en hem diep vernederd. Darius' strategische positie was bijgevolg een militaire ramp: heel de oostkust van de Middellandse zee, waaronder Syrië, maar ook Egypte, werden nog slechts verdedigd door de Perzische vloot en lagen voor een landleger onbeschermd voor het grijpen. In plaats van achter Darius aan te gaan, naar het oosten, richtte Alexander zijn aandacht op het zuiden. Hij nam de hele Perzische kust in en voorkwam zo dat de nog steeds machtige Perzische vloot stokken in zijn wielen kon steken (SCHULLER 1995[4]).

De Romeins-Griekse historicus Arrianus verhaalt in zijn *Anabasis Alexandri* hoe de kuststreek reageerde op de komst van Alexander. Enkele dagen na de slag stond Alexander voor de eilandstad Arados (Arwad), in het zuiden van de Syrische kustregio. Het eiland en de kustregio ervoor, tussen de Nahr el-Kebir in het noorden en de Eleutheros in het zuiden, hadden onder Perzisch bestuur een semi-autonoom statuut onder leiding van een lokale koning. Uit vrees voor plunderingen gaf de stad zich onmiddellijk over aan de Macedoniërs. Beter nog, de vloot die door Arados bemand en aan de Perzen geleverd was, werd uit de Egeïsche Zee teruggeroepen (BOIY 2008).

Op minder dan een maand tijd, hadden al de Syrische steden zich op gelijkaardige wijze overgegeven. De steden Tyrus (in het huidige Libanon) en Gaza (Gazastrook) gaven zich echter niet onmiddellijk gewonnen, wat leidde tot het indrukwekkende beleg van de eilandstad Tyrus dat pas na negen maanden eindigde. Na Alexanders tocht door Egypte, richtte hij zijn pijlen naar het oosten. Deze veldtocht leidde hem uiteindelijk via Mesopotamië, Perzië en Afghanistan tot aan de Indus (SCHULLER 1995[4]).

In 323 v. Chr. keerde Alexander terug naar Babylon, maar werd er
ziek. Zijn vroegtijdige dood op 33-jarige leeftijd maakte dat zijn zoon
(met de Perzische Roxanne) niet oud genoeg was om te regeren. Perdic-
cas kon aanvankelijk de vrede enige tijd bewaren door als regent op te
treden, maar hij werd vermoord. Daarna ruzieden de generaals van
Alexander (de *Diadochi* – de opvolgers) over de verdeling van het rijk.
Verschillende generaals probeerden de macht te grijpen. Tegen 305 v.
Chr., toen de *Diadochi* de koningstitel over hun respectievelijke koninkrijken aannamen, hadden er zich vier kunnen onderscheiden, die men de
Hellenistische koninkrijken is gaan noemen: de Ptolemaiërs in Egypte, de
Seleuciden in Syrië, Mesopotamië en het Oosten, Lysimachus in Mace-
donië en Antigonus in Griekenland. Onderling bleven deze zeer vijandig
tegenover elkaar staan en vochten verschillende oorlogen uit (WILL,
MOSSE en GOUKOWSKY 1975).

De Hellenistische koninkrijken waren niet intrinsiek zwak, wat men
misschien uit het vorige zou kunnen concluderen. Hoewel hun monar-
chie regelmatig met troonpretendenten en de bijhorende burgeroorlogen
te maken kreeg, was hun verval voornamelijk te wijten aan externe
bedreigingen. De Indische Maurya's en het Grieks-Bactrische Rijk knab-
belden al snel aan de oostgrens van het Seleucidische Rijk. In de 2de eeuw
v. Chr. kreeg het rijk met twee meer te duchten vijanden te maken: de
Parthen in het oosten en Rome in het westen. De eerste confrontatie
tussen Rome en de Seleuciden, in 191 v. Chr., eindigde in een Romeinse
overwinning te Thermopylae. Een verregaande desintegratie van het
Seleucidische rijk volgde en rond 100 v. Chr. restten nog slechts Syrië en
omliggende gebieden (SCHULLER 1995[4]).

Tussen 88 en 84 v. Chr. vochten Mithridates VI van Pontus en de
Romeinse staatsman Sulla een oorlog uit, waarbij de Seleuciden grotendeels met rust werden gelaten. De Armeense koning Tigranes II, schoon-
zoon van Mithridates, viel in 83 v. Chr., op uitnodiging van rebellen die
in een burgeroorlog met de Seleuciden verwikkeld waren, Syrië binnen.
In 69 v. Chr. werden echter zowel Mithridates als Tigranes verslagen en
werd het Seleucidische rijk hersteld, totdat dit na enkele jaren opnieuw
uiteenviel door nieuwe burgeroorlogen. De Romein Pompeius, die Mithridates definitief versloeg in 63 v. Chr., keerde zich nu tegen het wankele
Syrië en annexeerde het als een provincie, het begin van de Romeinse
periode (SCHULLER 1995[4]).

De komst van de Grieken was voordelig voor de Syrische kust. De
Hellenistische staten omringden de Oost-Mediterraanse wereld, de handel
tussen de nieuwe Rijken floreerde en contacten met hun buren leidden

zelfs tot een schaalvergroting voor de handel, die de regio nog rijker maakte dan ze al was. Dit belang van de kustregio blijkt ondermeer uit het verschuiven van de Seleucidische hoofdstad uit Mesopotamië naar Antiochië aan de Orontes (HARRISON 1994). De provincie was tevens rijk aan grondstoffen (zoals het Fenische purper) en know-how: het gebied speelde een belangrijke rol in de ontwikkeling van het glas (BERLIN 1997). Op basis van materiële resten wordt hieronder op enkele van deze nijverheden gefocust.

2. Industrie en nijverheid

2.1 Hellenistisch Glas

De vroegste attestaties van glas in het Oude Nabije Oosten kennen we uit de 21ste eeuw v. Chr. te Tell Asmar (Diyala), Eridu (ZW-Mesopotamië) en Tell Brak (NO-Syrië), daarna is er een leemte. In de Late Bronstijd (1600-1200 v. Chr.), zijn er opnieuw resten die ons meer over de vroege glasproductie vertellen (LAUWERS 2007). Vanaf 2000 v. Chr., worden er voor het eerst kleine gecaste objecten uit glas vervaardigd. Rond 1550 v. Chr., verschenen in de Levant de eerste 'vaten' en Egypte volgt snel. Deze objecten werden gecast in een open mal,

Fig. 1: Fenicische hanger uit glas

samengesmolten (mozaïekglas) of kerngevormd. Rond 1200 v. Chr., stortte de maatschappij in de Levant in, waarmee ook de technologie van glasproductie op een laag pitje kwam te staan. Het zal duren tot in de 8ste eeuw v. Chr. voor er een heropleving te bemerken valt, en dit op twee plaatsen. In Syro-Palestina worden voornamelijk kralen en kunstig versierde hangers (Fig. 1) populair. Deze werden gevormd op een stang (*coreformed*). In Mesopotamië, de tweede plaats waar de heropleving waar te nemen is, worden, onder impuls van de Assyriërs, voornamelijk kerngevormde cosmeticaflesjes (Fig. 2) en andere gecaste objecten vervaardigd (MEYERS 1997: 413-415). Vanaf de Hellenistische periode, zijn er twee merkwaardige tendenzen. Tegen het einde van de 3de eeuw v. Chr., wordt voor het eerst tafelwaar uit glas geproduceerd, dit is in hoofdzaak een luxeproduct.

Syrië speelde, samen met Egypte en Mesopotamië, een cruciale rol in de ontwikkeling en de productie van glas. In de Hellenistische periode, groeide het uit tot het centrum voor het Middellandse Zeegebied.

Fig. 2: Cosmetica-
flesje

Over het Hellenistische glas is er enerzijds erg veel gekend en anderzijds erg weinig. De productiemethoden in de voor Syro-Palestina bekende primaire ateliers, zijn vooral bekend uit de Late Bronstijd, maar geven relatief weinig informatie voor de latere perioden, zoals de Hellenistische (VON SALDERN 2004). Vooral Griekenland en Egypte, dat nauwe contacten met de Grieken onderhield o.a. via de handelsstad Naukratis, levert ons goede stukken glas op. Uit de Noordelijke Levant zijn de materiële resten schaars.

De manier waarop het Hellenistisch glas gemaakt werd, is vergelijkbaar met de manier waarop dit tijdens de vroegere perioden gebeurde. Hieronder een kort overzicht van de gebruikte technieken en wat er archeologisch van terug te vinden is. De besproken technieken zijn de productie van faience en mozaïekglas, het casten en het kernvormen van glas. Glasblazen komt niet aan bod daar dit een innovatie was uit de Augusteïsche periode (eind 1ᵉ eeuw v. Chr.).

De productietechniek van faience werd al voor 4000 v. Chr. ontwikkeld, dit door kwartskorrels te verhitten tot ze aan het oppervlak samensmelten. Dit heet *fusen*. Een gelijkaardige techniek wordt ook bij mozaïeken en wandbekleding toegepast. Bij casten giet men glas in een mal die open of gesloten kan zijn.

Kerngevormd glas (Fig. 3) is opgebouwd uit een kern van gebakken klei, gemonteerd aan het uiteinde van een stang waarrond voorzichtig glasdraden tegen elkaar gelegd worden. Daarna duwt men deze met behulp van een tang tegen elkaar. Achteraf, wanneer de glasmassa op gepaste wijze is afgekoeld, kan de kleikern kapot geslagen worden en blijft er een kerngevormd object over (VON SALDERN 2004).

Bij opgravingen, treffen archeologen geregeld de afgewerkte producten aan, bij een glasatelier zijn er naast de gebruikelijke glasobjecten ook

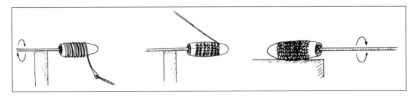

Fig. 3: Productieproces van kerngevormd glas

grondstoffen, gereedschap en installaties aanwezig. Betreffende de grondstoffen wordt er eerst ingegaan op de samenstelling van glas.

Glas is opgebouwd uit drie hoofdcomponenten: soda, zand en kalk. Flux of smeltmiddel houdt de temperatuur om glas te kunnen bewerken laag, in de Oudheid gebruikte men hiervoor plantenasse of natron/soda. De component die zorgt voor de vitrificatie zijn silicaten zoals kwarts of zuiver zand, ze beïnvloeden de structuur van het glas. Het

Fig. 4: Smeltkroes (YALÇIN, PULAK EN SLOTTA 2005: 535)

derde bestanddeel dient als stabilisator, het weerhoudt het glas ervan, terug vloeibaar te worden en op te lossen in water, hiervoor werd voornamelijk kalk gebruikt (GROSE 1979). In de buurt van een primair atelier (productieplaatsen voor ruwe blokken glas), dienden deze drie grondstoffen voorhanden te zijn. Niet enkel grondstoffen kunnen we hier verwachten, ook ovens, haarden, smeltkroezen (Fig. 4), waterbassins en een aantal andere constructies zijn nodig om de ruwe blokken glas te vervaardigen. Over de locatie van deze primaire ateliers is weinig geweten. Het is echter zeker dat ze in de Levant gesitueerd kunnen worden, ook in het noorden. Bij de secundaire ateliers zou men mallen, stukgeslagen kleikernen, enz. moeten terugvinden. Daar vele constructies uit vergankelijk materiaal als hout werden gemaakt, wordt er vandaag nog weinig van teruggevonden (DEKOWNA 1987). Ook de metalen werktuigen zoals stangen, scharen, tangen, enz. (STERN 2002) komen zelden tot ons, daar ze in de Oudheid meestal hersmolten werden tot andere objecten, metaal was immers kostbaar (DEKOWNA 1987). Een voorbeeld van een secundair atelier is te vinden in Sidon, ten zuiden van de huidige Syrische kust (GROSE 1979).

Gebaseerd op de teruggevonden glasproducten, bestond er een rijke waaier aan keuzes. Uit de vroegere perioden zijn er de 'vaten' o.a. de cosmeticaflesjes (Fig. 5), daarnaast ontwikkelen zich onder invloed van het Griekse vasteland, inlegstukken voor

Fig. 5:
Cosmeticaflesje
uit Hellenistische
periode
(BARAG 1985)

Fig. 6: Ingelegd glas (BARAG 185)

o.a. meubilair (Fig. 6). Glazen sierraden blijven ook tijdens de Hellenistische periode in trek, de Feniciërs beschikten over de techniek om prachtige kralen en hangers te maken. Mozaïeken en wandbekleding waren ook al bekend uit de vorige perioden. Het nieuwe tafelwaar introduceerde vele nieuwe vormen waarvan het merendeel een keramieken equivalent had (VON SALDERN 2004).

De glasproductie is een typevoorbeeld van een nijverheid, waarbij primaire productie centra het ruwe materiaal, blokken glas, produceren en van waaruit deze dan via handelswegen over land en zee over grote afstanden getransporteerd werden om uiteindelijk in secundaire ateliers verwerkt te worden tot de effectieve gebruiksvoorwerpen. Een belangrijk deel van de welvaart langs de Syrische kust was het gevolg van deze primaire glasproductie.

2.2 Fenicisch Purper

De kleur purper heeft vandaag nog steeds een adellijke bijklank, zo eigenden de Romeinse heersers, zowel de senatoren als de latere keizers, zich deze imperiale kleur toe. Purper was al in de vroegere perioden, inclusief de Hellenistische tijd, een teken van rijkdom. Purperen gewaden waren het felst begeerde product dat door de steden langs de Oost-Mediterrane kust verhandeld werd (JENSEN 1963). De techniek werd streng geheim gehouden en enkel doorgegeven aan een betrouwbare opvolger. Het is niet verwonderlijk dat er al snel een groot aanbod aan namaakwaar op de markten verscheen (ZIDERMAN 1990).

De purperen gewaden hadden drie specifieke gebruiksdomeinen. Ze werden als offer aan de goden aangeboden, wat hen een goddelijke connotatie bezorgde. Men droeg ze eveneens tijdens religieuze ceremonies en feestelijkheden zoals o.a. de Griekse spelen. De meest voor de hand liggende associatie van het purper is deze met het rode bloed. Niet alle onderzoekers steunen deze associatie, dat de gewaden gebruikt werden tijdens de dodencultus spreekt natuurlijk sterk in het voordeel van purper als bloedsymbool (BLUM 1998).

Het productieproces, bekend
vanaf 2000 v. Chr., vindt mogelijk haar oorsprong op Kreta of
langs de kusten van Syrië, de
locatie die ondermeer L.B. Jensen's voorkeur wegdraagt (JEN-
SEN 1963). In de Oudheid verfde
men textiel d.m.v. schelpdieren
(murexslak, Fig. 7). Ze werden
verzameld aan de kusten in de

Fig. 7: Schelpen van slakken gebruikt
voor het verven van purper
(ZIDERMAN 1990)

ondiepe delen van de Middellandse Zee en de verfstof werd uit de klie-
ren van levende slakken gewonnen. Wanneer de stoffen hiermee behandeld werden, dienden deze naderhand aan het zonlicht blootgesteld te
worden om het kleuringsproces tot een goed einde te brengen.

De schelpen zijn de primaire artefacten aangetroffen op de plaatsen
van de verfateliers (ZIDERMAN 1990). Er zijn vijf soorten slakken bekend:
murex brandaris, murex trunculus, helix ianthina, purpura lapillus en
thais lemastoma (JENSEN 1963). Uit onderzoek te Sidon en Tyrus blijkt
dat er twee soorten purpergewaden te onderscheiden zijn a.d.h.v. de
gebruikte slakken. De *murex trunculus* geeft bij verven een blauwpaarse
kleur. De *murex brandaris* en de *thais lemastoma* leveren een roodpurper.
In Sidon vond men slakken voor beide textielsoorten, in Tyrus enkel voor
roodpurper (ZIDERMAN 1990). Tijdens de Grieks-Romeinse periode kende
de Middellandse Zee een grote verspreiding aan verfateliers. In de
zuidelijke Levant is dat o.a. te Lydda, naar het noorden zijn de belangrijkste plaatsen Tyrus en Sidon (BLUM 1998).

Naast schelpen, kunnen we ook secundaire vondsten aantreffen, zoals
de verfinstallaties, gekleurde potscherven en heel uitzonderlijk het
gekleurde textiel zelf (ZIDERMAN 1990). Net als bij glas leidde de productie van purper tot economische welvaart voor de Syrische kustregio.

2.3 Keramiek

De antieke pottenbakkersateliers zijn één van de eerste manifestaties
van industriële massaproductie, een nijverheid voor zowel de locale als
internationale markten. Door de industriële aanpak zijn gebakken aardewerk of keramiek de meest voorkomende archeologische vondsten en bijgevolg van cruciaal belang om meer over een site en zijn verleden te
weten te komen. Assemblages van scherven in welbepaalde deposits, vertellen archeologen dankzij gespecialiseerd systematisch onderzoek meer

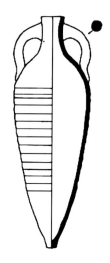

Fig. 8: Hellenistische amfoor (BADRE & GUBEL 1994)

over het vormenspectrum, de decoratieschema's en het gebruiksnut van keramieken voorwerpen uit een welbepaalde periode. Evenals de gebruikte technieken en kleisoorten kunnen we meer over eventuele handelscontacten en uitwisselingsnetwerken achterhalen. De scherven kan men bovendien inpassen in bestaande typologieën, waardoor een chronologische datering van de laag of het deposit waaruit ze komen mogelijk wordt en de verspreiding over andere sites in de omgeving kan nagegaan worden. Ook in de tells aan de Oost-Mediterrane Zeekust is de veelheid aan keramisch materiaal een welkome, maar soms erg complexe informatiebron voor de archeologen. (MATSON 1995)

Keramische voorwerpen worden gemaakt door het samenvoegen van enkele essentiële componenten, die in de kustregio van Syrië allen overvloedig aanwezig waren. Allereerst is er klei nodig, dat als basisgrondstof de keramiek zijn massa, stevigheid en structuur verleent. Water maakt de klei soepel en kneedbaar en vervolgens wordt er een magering van zand (kwartskorrels), stro, vermalen aardewerk of mest toegevoegd, wat de kleipasta aan elkaar doet kleven en ze minder broos maakt in de volgende productiestappen. Als het voorwerp, al dan niet op pottenbakkerswiel, gevormd is en in de zon lederhard is uitgedroogd, kan er eventueel versiering aangebracht worden onder de vorm van beschildering, engobes, incisie of appliqués. Tenslotte, wordt een oven warm gestookt door het verbranden van hout, mest of afval en bakt men het aardewerk door de vormen op een etage opeen te stapelen. Wanneer men het vuur voldoende verlucht, zal de waar oxideren en rood uitslaan, terwijl ze grijs tot zwart wordt door reductie, wanneer men de oven volledig afsluit en voor een zuurstoftekort zorgt. Hierna laat men de keramiek afkoelen en is ze, als er niets is misgegaan, klaar voor gebruik.

In de Hellenistische periode, vindt een mondialisering van de keramiekproductie plaats. Griekse waar wordt massaal uitgevoerd naar de door Alexander de Grote veroverde gebieden en overspoelt daar de markten. Ook de lokale producenten produceren op hun beurt grote hoeveelheden keramiek, al dan niet imitaties van het Griekse aardewerk. Het bekendste en meest verspreide van deze regionale imitatiewaren is ongetwijfeld de Eastern Sigillata A, kortweg ESA, waarvan het vermoedelijke productiecentrum in Cilicië, aan de kust van de noordwestelijke Levant, gelegen is. Typisch voor deze waar, is de rode sliblaag aan binnen- en/of buitenkant en de herkenbare, populaire vormen zoals platte borden op een zware voet en bekers op half-bolvormige voet (HAYES 1997). Veelvoorko-mende vormen in Syrië, zijn kruiken en amfo-ren, die voor velerlei doeleinden werden gebruikt en in alle maten en soorten te krijgen waren. Zo had men grote, langwerpige amfo-ren voor het transport van voedingsmiddelen (Fig. 8), grote, robuuste kruiken voor de opslag van voeding en grondstoffen en klei-nere, handelbare kruiken om drank uit te

Fig. 9: Hellenistische kruik (BADRE & GUBEL 1994)

schenken (Fig. 9) (BADRE & GUBEL 1994 - '99). De massaproductie zorgt enerzijds voor een constante aan vormen en maten, maar anderzijds bete-kent het een achteruitgang voor het beschilderde kwaliteitsaardewerk uit de Klassieke periode. Hiervan is voorlopig enkel één doelgroep de dupe, de hogere klasse. In een reactie hierop, richtten zij zich op de metalen luxe-waar, waarop dan weer een imitatiebeweging volgde.

2.4 Voedselproductie

De steden in het Nabije Oosten moesten net als elke andere stad bevoorraad worden met enorme hoeveelheden voedsel van buitenaf om

Fig. 10: Hellenistische broodoven in vloer
(© Tell Kazel project)

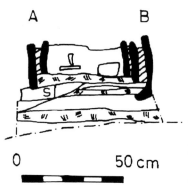

Fig. 11: Doorsnede broodoven
(McQuitty 1993)

de stedelingen van het nodige levens-
onderhoud te voorzien. Soms gebeurde
dat in afgewerkte producten, die op het
platteland al gebruiksklaar waren
gemaakt. Vaak echter liet men,
omwille van bewaringsredenen, basis-
producten als bloem en olijven aan-
voeren, om ze dan verder te verwerken binnen de muren van de stad.

De productie van brood, gebeurde
vaak bij de mensen thuis, maar ook bij
bakkers. Brood werd vervaardigd uit
meel, zout en water, en rijpte eventueel in de zogenaamde "bevelled rim
bowls" (kleine, gelijkvormige, conische kommetjes uit ruw vervaardigd
aardewerk), om dan gebakken te worden in oventjes van bescheiden
afmetingen. Te Tell Kazel, heeft men in 2005 een dergelijke broodoven
of "tannourim" (< Fenicische "TNRM" = veel ovens) opgegraven (Fig.
10), waarbij vier verschillende ovens in elkaar waren gebouwd. Elk van
deze was uit grote, aangezette, keramiekscherven geconstrueerd tot wat
waarschijnlijk een koepel moet geweest zijn (Fig. 11), waarbinnen men
vuur stookte en het deeg te bakken legde, op een nu verdwenen tweede
niveau. Ook op andere opgravingen in Syro-Palestina worden dergelijke
installaties aangetroffen. (McQuitty 1993)

Fig. 12: Grieks mozaïek
met hefboompers
(Scheepmaker 1996)

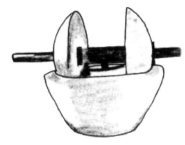

Fig. 13 Oliemolen
(Provoost 1975)

Olijfolie is een ander voorbeeld van een geïndustrialiseerd product; het werd frequent gebruikt als balsem, geneesmiddel en bewaringsmiddel, evenals voor verlichting en de bereiding van voedsel, dit omwille van haar gekende smaak, gezonde eigenschappen en helende werking. Vanaf het 2de millennium v. Chr. verspreidde de teelt van olijven en de verwerking tot olijfolie zich vanuit het Nabije Oosten westwaarts over het hele Middellandse zeegebied, totdat ze tijdens Rome's hoogdagen ook Spanje had bereikt. Oorspronkelijk werd de olie gewonnen door de olijven plat te stampen in een open bak of ton, net zoals men bij wijnproductie deed. De oude Grieken bonden eerst houten sandalen onder hun voeten, ook wel *"kroupetzai"* genoemd, maar voerden dan de innovatie in van de houten hefboompers. Deze bestond uit twee houten platen met daartussen rieten matten met olijven, waarop een neerwaartse druk werd uitgeoefend door het handmatig bedienen van een hefboom (Fig. 12). Een stenen variant hiervan werd in Tel Dan teruggevonden. De Romeinen wisten de hefboompers te perfectioneren met de uitvinding van de schroefpers, die twee stenen schijven naar elkaar deed schuiven door het aandraaien van een schroef en zo de olijven ertussen leeg perste. Intussen was, meer naar het oosten, het gebruik van twee ronddraaiende, verticale molenstenen in zwang geraakt (Fig. 13). De geperste olie werd bij elke methode opgevangen in grote aardewerken voorraadkruiken, die al dan niet in de grond verzonken waren en de olijfolie tot later gebruik bewaarden, terwijl eventuele onzuiverheden konden bezinken (SCHEEPMAKER 1996). De productie van dit "goddelijke" vocht, zoals het soms genoemd werd, lag in handen van gespecialiseerde ateliers, onder controle van de overheid, die aan bepaalde regels moesten voldoen. Dit monopolie staat in groot contrast met het volkse en democratische van de broodproductie. (WILL, MOSSE en GOUKOWSKY 1975)

3. Bibliografie

BADRE L. en GUBEL E. 1999. Tell Kazel, Syria: excavations of the AUB Museum, 1993-1998, third preliminary report. *Berytus Archaeological Studies 44*: 123-203.

BADRE L., GUBEL E. e.a. 1994. Tell Kazel (Syrie): rapport préliminaire sur les 4e – 8e campagnes de fouilles (1988-1992). *Syria 71*: 123-203.

BARAG D. 1985. *Western Asiatic Glass in the British Museum*. Londen.

BERLIN A.M. 1997. From Monarchy to Markets: The Phoenicians in Hellenistic Palestine. *Bulletin of the American Schools of Oriental Research* 306: 75-88.

BLUM H. 1998. *Purpur als Statussymbol in der Griechischen Welt.* Bonn.

BOIY T. 2008. Gabala. Jebleh during the Hellenistic and Roman Periods. In *In Search of Gibala*, eds. J. Bretschneider en K. Van Lerberghe. Barcelona. (In druk)

DEKÓWNA M. 1987. Essau de classification et d'interpretation des sites archeologiques antiques et du Haut Moyens Age: *Annales du 10ième congrés de l'AIHV (23-28 septembre 1985).*207-220. Madrid-Segovie.

GROSE D. F. 1979. The Syro-Palestinian Glass Industry in the Later Hellenistic Period. *Muse* 1354-65.

HARRISON R. 1994. Hellenization in Syria-Palestine: The Case of Judea in the Third Century BCE. *The Biblical Archaeologist* 57.2: 98-108.

HAYES J.W. 1997. Ceramics of the Hellenistic and Roman Periods. In *The Oxford Encyclopedia of Archaeology in the Near East 1*, ed. E.M. Meyers. New York. 469-471.

JENSEN L.B. 1963. Royal Purper of Tyre. *Journal of Near Eastern Studies vol. 22 no2*: 104-118.

LAUWERS V. 2007. *Glas.* Leuven. (Ongepubliceerde studentencursus)

MATSON F.R. 1995. Potters and pottery in the Ancient Near East. In *Civilisations of the Ancient Near East 3*, ed. J.M. Sasson. New York. 1553-1564.

MCQUITTY A. en HATHER J. 1993. Ovens in town and country. *Berytus Archaeologial Studies 41*: 53-76.

MEYERS E.M. ed. 1997. *The Oxford Encyclopedia of Archaeology in the Near East. Vol. 1.* Oxford.

PROVOOST A. (ed.) 1975. *De wooncultuur van de Grieken en de Romeinen.* Leuven.

SCHEEPMAKER A. 1996. *Olie en azijn: de producten, de toepassingen, de recepten.* Utrecht.

SCHULLER W. 1995⁴. *Griechische Geschichte.* München.

STERN E.M. 2002. The Ancient glassblower's tools: KORDOS G. (ed.) *Vitrum-Hyalos-Glass,* 159-165. Athens.

VON SALDERN A. 2004. *Antikes Glas. Handbuch der Archäologie.* München.

WILL E., MOSSE C. en GOUKOWSKY P. 1975. *Le monde Grec et l'Orient 2: le IVᵉ siècle et l'époque Hellénistique* (Peuples et civilisations). Paris.

YALÇIN Ü., PULAK C. en SLOTTA R. 2005. *Das Schiff von Uluburun, Welthandel vor 3000 Jahren.* Bochum.

ZIDERMAN I. 1990. Seashells and Ancient Purple Dyeing. *Biblical Archaeologist*: 98-101.

DE ROMEINSE PERIODE EN ONTSPANNING

LESLIE TAELEMANS, DRIES VAN LANGENDONCK,
MARIJKE VAN LOOY

1. Historisch Overzicht

Syrië was tegen 100 v. Chr. nog het enige gebied dat de Seleucidische koningen restte van het gigantische rijk dat Seleucos I bestuurde. Tussen 83 en 69 v. Chr., bestond het rijk zelfs enige tijd niet meer, het maakte deel uit van de Armeense staat onder Tigranes. Na 69 v. Chr., kon het bij gratie van de Romeinen, en met hun hulp, nog verder bestaan, maar nieuwe burgeroorlogen deden Pompeius in 63 v. Chr. ingrijpen (BLEICKEN 1992[4]). Pompeius, die in de regio Mithridates voor een derde keer bestreed, maakte na zijn overwinning op hem tevens schoon schip met de woelige politieke situatie in Syrië en omstreken. De meeste koninkrijken in de regio mochten als Romeinse vazalstaten verder blijven bestaan. De Seleuciden beschouwde hij als te wankel en werden geannexeerd als provincie (SCHULLER 1995[4]).

De Romeinse provincie Syria bestond oorspronkelijk slechts uit de kustregio, maar ten gevolge van de annexatiepolitiek uit de 1ste eeuw v. en n. Chr. werden steeds meer gebieden onder directe Romeinse controle geplaatst en administratief bij Syrië gevoegd. Een groot deel van wat nu de moderne staten Syrië en Libanon zijn, werd zo één grote provincie (BUTCHER 2003). Gedurende heel de Oudheid, was Syrië een rustige en welvarende regio. Opstanden waren zeer ongewoon in het gehele oosten (behalve in Judaea, waar de joden meermaals in opstand kwamen tegen hun overheersers). De grote vijand was, gedurende heel de Romeinse periode, Parthië, waartegen de Romeinen met wisselend succes verschillende oorlogen uitvochten. Enkele beroemde expedities zijn die van Traianus (in 114-117 n. Chr.), die het rijk zijn grootste omvang gaf en de veldtocht van Lucius Verus (vice-keizer van Marcus Aurelius), die zijn legioenen tot in Medië bracht, beiden echter zonder blijvende territoriumwinst (DAHLHEIM 1989[2]).

Zoals vermeld, leidde Syrië een relatief rustig bestaan onder Romeins bestuur. De uitstekende handelspositie, namelijk op het einde van de zijderoute, een belangrijke industrie en de enorme vraag naar oosterse luxeproducten in het westen maakten van de provincie, maar vooral van de kustregio met zijn havens een goudmijn. De uitstekende Romeinse infrastructuur, zoals de *Via Maris*, die van Antiochië naar Ptolemaïs (huidige Akko) liep, hielp verder bij de uitbouw van de rijkdom (BUTCHER 2003). De stad Antiochië illustreert dit goed: als zetel van de gouverneur en belangrijkste handelscentrum van de regio, haalde de stad al in de 2de eeuw een bevolkingscijfer van meer dan 100.000. Het was één van de drie grote steden uit het rijk, naast Rome en Alexandria. De Romeinse invloeden waren talrijk: de stad telde verschillende thermen, aquaducten, fora en een circus. De rijkdom van de provincie trok echter ook roversbendes en de aandacht van de Parthen aan. De Romeinse oplossing was een netwerk van controleposten en forten langs de belangrijkste wegen en grenzen, waarvan er nog vele resten zichtbaar zijn in het Syrische landschap (KENNEDY en RILEY 1990).

De Romeinse overheersing van Syrië was geen eenrichtingsverkeer: als een Syriër bereid was om zich te integreren in de Romeinse gebruiken, dan kon deze een indrukwekkende carrière opbouwen binnen het rijk. Een aantal Syriërs wisten zo tot de hoogste rangen van het politieke leven door te stoten. Caracalla en zijn broer Geta, die van 209 tot 217 regeerden, hadden een Syrische moeder, Julia Domna, afkomstig uit de stad Emesa aan de Orontes, het huidige Homs. Bezoekers aan Rome kennen Caracalla van de naar hem genoemde thermen, historici voornamelijk voor de *Constitutio Antoniniana* (212), die elke vrije man in het Romeinse Rijk het burgerschap schonk. Keizer Elegabalus (218-222) en zijn opvolger Severus Alexander (222-235) waren verwant met Julia Domna en van Syrische afkomst (BALL 2001).

De moord op de Romeinse keizer Severus Alexander in 235, vormde het begin van de heerschappij van de militaire dictators en soldatenkeizers die het rijk tot in 284 zouden geselen. Op alle vlakken stortte het economische en politieke leven als een kaartenhuis in elkaar (DAHLHEIM 1989^2). Tijdens dit tijdsvlak, bekend als de grote crisis van de derde eeuw, heerste er op bepaalde momenten een feodale situatie, die soms sterk op een complete anarchie leek. Een keizer uit deze periode was de Syriër Philippus, met bijnaam Arabs om zijn Semitische afkomst aan te duiden (244 tot 249). Hij had de eer de festiviteiten voor de duizendste verjaardag van de stichting van Rome op gang te trekken, maar sneuvelde roemloos in een slag tegen zijn opvolger, Decius (BUTCHER 2003).

De crisis van de derde eeuw liet zich bijzonder zwaar voelen op het economische vlak. Heel de Mediterrane wereld kreeg een hyperinflatie te verwerken; een van de eerste die de wereld gekend heeft. De waarde van het geld verminderde zienderogen, met denominaties en het stilvallen van de handel tot gevolg. De woelige politieke situatie zorgde voor de verdere ondergraving van de economie. De periode van verval culmineerde omstreeks 260. Een groot deel van het oosten, waaronder de provincie Syria, scheurde zich toen af van Rome. Dit gebeurde onder leiding van koningin Zenobia, die zetelde in haar hoofdstad Palmyra in de Syrische woestijn. Haar rijk was echter geen lang leven beschoren: in 270 besteeg Aurelianus de keizerstroon. Hij was de eerste van een aantal bekwame keizers die het rijk uit de militaire en economische crisis kon halen (DAHLHEIM 1989[2]). In 272 kreeg Zenobia een zware nederlaag (de slag bij Emesa) te verwerken en het jaar daarop werd ze definitief verslagen, met de plundering van Palmyra tot gevolg. De keizerskroning van Diocletianus in 284, negen jaar na de dood van Aurelianus, markeerde een nieuw begin voor het Romeinse Rijk.

Langs de kusten van het geromaniseerde Syrië, groeiden enkele belangrijke steden uit, zoals Laodicea, Gabala en Tartus. Door hun continuïteit aan bewoning tot op heden zijn er weinig monumentale Romeinse bouwwerken aan het oppervlak te bespeuren. Historische bronnen getuigen nochtans ondermeer over belangrijke en grote ontspanningsgebouwen waarvan het theater van Gabala (Jebleh) een uitzonderlijke restant is (BALSDON 1969). Deze Romeinse ontspanningsfaciliteiten worden in het wat volgt verder toegelicht.

2. Romeinse ontspanningsgebouwen

2.1 Het theater

Het woord 'theater' is afgeleid van het Latijnse woord *theatrum*, op zijn beurt afgeleid van het Griekse *theatron*, en betekent 'een plaats voor het bekijken van voorstellingen' (SEAR 2006: 1). Het Romeinse theater was dé uitgelezen plek voor ontspanning.

Een Romeins theater is een halfcirkelvormig gebouw, waar theatervoorstellingen werden gehouden. Het bestaat uit verschillende delen: de *cavea*, de *scaena* en de *orchestra*, respectievelijk de plaats waar het publiek zat, het podium waarop de voorstellingen gegeven werden en de plaats voor het koor. De Griekse theaters werden gebouwd tegen een natuurlijke berghelling, de Romeinse echter waren meestal vrijstaand – zoals het theater van Jebleh (BALL 2001: 304-305). De *orchestra* van een Grieks theater was gewoonlijk cirkelvormig, dat van een Romeins theater min of meer halfcirkelvormig. In de *orchestra* stonden vaak één of meer altaren. Nog een verschil met het Griekse theater is de *scaenae frons*. Dit is de achterste muur van het podium die bij Griekse theaters ontbrak. De *scaenae frons*, gewoonlijk gedecoreerd met twee of drie verdiepingen kolommen, was tenminste even hoog, of soms hoger dan de top van de *cavea*.

Veel Romeinse theaters werden gebouwd op gewelfde substructuren, wat een serie van leemtes onder de *cavea* creëerde. Sommige werden gebruikt als doorgang, maar de meeste leidden nergens naar en werden gebruikt als opslagplaats of *tabernae*, winkels. Bij zonnig weer werd het auditorium overdekt met een zeil, de *vela* (SEAR 2006: 7-10).

De plaats waar je in het theater zat, gaf je maatschappelijke positie aan (BUTCHER 2003: 255). De *cavea* werd in drie delen verdeeld; de *summa cavea*, de *media cavea* en de *ima cavea*. De *summa cavea*, het bovenste gedeelte, was de plaats waar de arme bevolking, zonder toga (*pullati*) plaats nam. De *media cavea* werd toegewezen aan de plebejers met een witte toga (*plebs togata*). De *ima cavea* tenslotte, werd gereserveerd voor de keizerlijke familie en leden van de collegia die meestal zij hun eigen zitplaats kregen. Op de achterste rijen van de *ima cavea*, dus vóór de plebejers, zaten de assistenten van de magistraten, de gezanten ed. Vanaf 67 v. Chr., werden met de *Lex Roscia,* de eerste 14 rijen van de *ima cavea* gereserveerd voor de *equites*, en namen ook de lagere magistraten er plaats. De senatoren en hoge magistraten zaten rond de rand van de *orchestra*, de *locus senatorius*. In de *trubunalia* zaten dan de *praetoren*. (SEAR 2006: 2-5).

2.2 Het theater van Jebleh

Het Romeinse theater van Jebleh (Fig. 1) bevindt zich aan de Oostkust van de Middellandse Zee, in het centrum van Syrische stad Jebleh, het antieke Gabala. In 1999 werd het theater in een samenwerking tussen de Syrische Dienst voor Oudheden en de Katholieke Universiteit Leuven het doel van een prospectie-, opgravings- en conservatieprogramma. Het is het enige overgebleven theater langs de Syrische kust en een goed voorbeeld van Romeinse ontspanningsgebouwen.

De correcte stichtingsdatum van het theater is onduidelijk. Volgens P. Jacquot (JACQUOT 1927: 232) werd het theater gebouwd tijdens de heerschappij van Justinianus (527-565). Een andere mogelijkheid is dat het dateert tot de Severische dynastie (193-235) meer bepaald de regering van Septimus Severus (193-211). De regeringsperiode van Septimus Severus betekende een bloeitijd voor Syrië. Deze Romeinse keizer was

Fig. 1: Theater van Jebleh – Foto H. Hameeuw

getrouwd met een Syrische prinses, Julia Domna, en had veel aandacht voor Syrische steden, wat zich vertaalde in grote bouwprojecten.

Ook werd gesuggereerd, door archeoloog R. Dussaud, dat het theater in een latere fase omgebouwd is geweest tot Islamitisch fort (DUSSAUD 1927: 136), dit werd bevestigd tijdens het recente Syro-Belgische onderzoek. Het theater bleef als fort bestaan tijdens de Kruisvaarders-, Ajjoebieden- en Mammelukkenperiode en zelfs tot op vandaag verwijst de lokale bevolking naar het theater als 'de citadel' (SALEH 2002: 13). Aanwijzingen voor latere bewoning vinden we bij H. Maundrell, die in 1698 Jebleh bezocht en getuigde hutten in de *orchestra* te hebben gezien (MAUNDRELL 1848). In 1848 bezocht E. Smith het theater en merkte op dat de hutten in de *orchestra* vervangen waren door huizen op de top van de cavea. R. Dussaud beschreef het theater, na zijn bezoek in het begin van de 20ste eeuw, als een verwoest en verwaarloosd gebouw (DUSSAUD 1927: 136). In 1927 vermeldde P. Jacquot in zijn gids huizen bovenop het theater. Ook merkte hij op dat de galerij binnenin (Fig. 2) werd gebruikt als winkels, wat betekent dat het theater nog steeds gebruikt werd door de lokale inwoners en een functioneel nut had.

Het theater is gebouwd op een vlakke ondergrond met een NNO-oriëntatie. Het algemene plan van de *cavea* is een halve cirkel met een diameter van 90 m (SEAR 2006: 320-21). Het theater bood plaats aan ongeveer 7000 toeschouwers (BUTCHER 2003: 257).

De *cavea* is verdeeld in 19 segmenten met 20 radiale muren. De hoofdingangen van de *cavea* geven toegang tot de eerste gewelfde galerij. De *Ima Cavea* is compleet, de helft van de *Media Cavea* is ook nog bewaard gebleven en kleine delen van de *Summa Cavea* zijn eveneens nog zicht-

Fig. 2: Galerij onder zitbanken –
Foto T. Patricio

baar. Vijf kleine trappen verbinden de *orchestra* met de *cavea* en negen radiale trappen gaan door de *cavea* van het laagste tot het bovenste niveau. Enkel de fundering van het scènegebouw staat er nog (SALEH 2002: 34-35). Aan de sporen op de grond te zien mag aangenomen worden dat de *scaenae frons* bestond uit een opvolging van rechthoekige niches (PATRICIO 2001: 5). Oorspronkelijk werd de voorzijde gevormd door een ringmuur waar acht deuren en negen halfcirculaire ramen gescheiden werden door tenminste zestien luchtbogen. Deze luchtbogen zijn verwoest, misschien tijdens de transformatie van het theater tot een fort, maar we kunnen nog steeds hun locatie achterhalen door aanwijzingen op de stenen en door verschillen in pathologie van de steen op verschillende plaatsen op de façade (SALEH 2002: 35).

Het theater is op verschillende vlakken waardevol. Op historisch vlak, is het belangrijk omdat het zo goed als het enige Romeinse overblijfsel van grote omvang is langs de Syrische kust. Het bouwwerk geeft de transformatie van functie weer doorheen de verschillende periodes en gebeurtenissen in de geschiedenis van de regio van Jebleh. Van theater is het gedurende verschillende conflicten geëvolueerd naar defensief kasteel om daarna een residentieel gebouw en marktgebouw te worden, uiteindelijk werd het geklasseerd als beschermd monument.

Op architecturaal vlak, is het van belang vanwege de ongewone architecturale typologie; de locatie op vlak land en de aanwezigheid van een façade zonder veel openingen en nissen. Ook de speciale architecturale details, het design, het constructiesysteem, het volume, de proporties en de variëteit in bouwmateriaal dragen toe tot de architecturale waarde (SALEH 2002: 36-37).

Ook in Laodicea, een grote belangrijke havenstad 30 km ten noorden van Jebleh, werd er, tijdens de regeringsperiode van Augustus, een groot theater met een diameter van 100 m gebouwd. Jammer genoeg blijft er tegenwoordig niet veel meer van over, enkel de algemene omtrek is nog zichtbaar (SEAR 2006: 107, 321).

2.3 De Hippodroom

Het is algemeen bekend dat de inwoners van het Romeinse Rijk van spel en ontspanning hielden. Ze bouwden amfitheaters, theaters, stadions, thermen, … Opmerkelijk is dat volgens literaire bronnen de oostelijke provincies bekend waren voor hun wagenraces.

De eerste wagenrace waar we kennis van hebben zijn de funeraire spelen van Patrocles in de Ilias (*Ilias*, xxiii). We vinden er al heel wat klassieke elementen terug: de loting om de startposities en de race over een lange rechte lijn met draaipalen tegen de klok in. Belangrijk is dat het hier om een min of meer spontaan evenement gaat, zonder al te veel voorbereidingen. Zulke ad hoc hippodromen moeten ook in het klassieke Griekenland veelvuldig zijn voorgekomen en zelfs de hippodromen bij de grote klassieke spelen, stelden vaak niet veel meer voor dan een tijdelijke opstelling op een geschikte ondergrond met een markering voor draaipalen meestal zonder starthekken. De archeologische resten zijn dan ook navenant. Wagenraces gaan terug tot in de Mykeense periode en de race met viergespan werd toegevoegd aan het Olympisch programma in 680 v. Chr.

De hippodroom van Olympia lijkt sterker te zijn uitgewerkt met starthekken, een mechanische opstelling om de toeschouwers duidelijk te maken dat de race begonnen was, een soort cirkelvormig altaar in de buurt van het keerpunt en banken langs een deel van het parcours (PAUS 6.9.10 – 6.21.1).

In Griekenland hadden de Spelen een religieuze oorsprong en werden wedstrijden gehouden tussen vrije, mannelijke burgers van verschillende poleis, waarbij men zowel geldprijzen en symbolische prijzen kon winnen. Deze Spelen bleven belangrijk in het Griekssprekende deel van de Romeinse wereld (HUMPHREY 1986: 1-25).

In Rome kende men verschillende soorten spelen: *ludi circenses* (wagenrennen in het circus), *ludi venationes* (spelen met dieren) en *ludi scaenici* (theatervoorstellingen). Het waren hier vooral slaven, gevangenen en onvrijen die de massa moesten vermaken (POTTER en MATTINGLY 1999: 206-208). In het wagenrennen, bestonden vier teams, *factiones*, waarvan de Groene en de Blauwe het meest populair waren naast de Witte en de Rode. Aanvankelijk werden de *factiones* bestuurd door onafhankelijke zakenmannen uit de Romeinse elite, later werd het bestuur overgenomen door beroemd geworden wagenmenners in naam van de keizer (CAMERON 1976).

2.4 Wagenraces in het oosten

Wagenraces in het oosten verschilden op verschillenden vlakken van die uit het westen. Kort gezegd stond het westen onder de invloed van het Circus Maximus en het racen in de vier *factiones*. In het oosten stond tijdens het begin van de Romeinse periode de architectuur van de circussen sterk onder invloed van het circus van Olympia. De competitie werd gehouden volgens de Griekse traditie: wagenraces als onderdeel van een hele waaier disciplines, en iedere atleet voor zich.

In het westen waren de grote lijnen van het Circus Maximus al uitgezet voor er ver buiten Rome circussen werden gebouwd, vandaar dat de meeste steden deze traditie verder zetten. Ook het systeem van de *factiones* stond al op punt zodat er enkel geracet werd door werknemers van deze *factiones*. In het oosten, was men al vertrouwd met wagenraces lang voor de Hellenistische wereld een deel werd van het Romeinse Rijk en in sommige Hellenistische steden bestond er al een sterke, atletische traditie geïnspireerd op de verschillende spelen in Griekenland. In Amrit, aan de Syrische kust, bevindt zich bijvoorbeeld een hippodroom die dateert uit de Hellenistische periode. Bij deze spelen, was de wagenrace maar één van de vele disciplines. Iedere deelnemer racete voor zichzelf en niet voor de *factiones*. De prijzen gingen dan ook naar de individuele deelnemer.

De *factiones* werden uiteindelijk in het oosten geïntroduceerd omstreeks 315 n. Chr. en op de vele plaatsen zelfs nog later. Toch werden er lang voor deze tijd ook al monumentale Romeins geïnspireerde, circussen gebouwd. Ze begonnen te verschijnen in de 2de eeuw, op hetzelfde moment dat ook in de westerse provincies overal hippodromen en stadia gebouwd werden. De race zelf werd nog steeds volgens de Griekse wijze georganiseerd: een wedstrijd tussen individuen (HUMPHREY 1986: 438-540).

Met de komst van de Romeinse circussen in het oosten, groeide uiteindelijk ook de populariteit van de sport. Sommige oosterse steden liepen uiteindelijk warm voor de wagenraces (HUMPHREY 1986: fig. 205). Volgens de literaire bronnen bezaten veel oostelijke steden een hippodroom: Antiochië, Laodicea, Beiroet, Tyrus, Caesarea, Bostra, Gerasa, Alexandria, Antinoopolis, Cyrene en Gortyn.

Een voorname bron is de *Expositio Totius Mundi et Gentium* geschreven door een onbekende bewoner van de Oost-Romeinse wereld, waarschijnlijk uit de 2de helft van de 4de eeuw.

Quoniam autem oportet et singula earurn describere, quid ad singu-
las civitates delectabile esse potest, et hoc dicere necessarium est.
Habes ergo Antiochiarn quidem in omnibus delectabilibus abundan-
tem, maxime autern circensibus. Omnia autem quare? Quoniam
ibi imperator sedet, necesse est omnia propter eurn. Ecce sirniliter
Laodicia circenses et Tyrus et Berytus et Caesarea. (ROUGÉ 1966)

De auteur beschrijft de Oostkust van het Middellandse Zeegebied
waarbij hij Antiochië, Laodicea, Tyrus, Beiroet en Caesarea vermeldt
als zijnde vooraanstaand binnen het milieu van de wagenrennen. Een
logische gevolgtrekking van deze opmerking is dat deze steden grote
hippodromen bezaten waarin de races konden plaatsvinden (HUMPH-
REY 1974). De vraag is in hoeverre dit ook archeologisch terug te vinden is.

Voor de enige Syrische kuststad opgenomen in de lijst, Laodicea (Lattakia), zijn er, net zoals voor de hippodroom van Beiroet, geen archeologische resten bekend, dit omdat de moderne stad archeologisch onderzoek zo goed als onmogelijk maakt. Het circus dateert er van de regering
van Septimius Severus als blijk van dank van de keizer voor de steun die
Laodicea geboden had in de burgeroorlog.

Hoofdstad van provincia Syria, Antiochië, bezat ook een monumentaal
circus dat gedeeltelijk opgegraven werd door de Princeton University tussen 1932 en 1935. Dankzij deze opgravingen is een basisplan gekend.
De geschatte capaciteit lag op ongeveer 80.000 personen. Het circus werd
gebouwd in de 1ste helft van de 2de eeuw n. Chr. en stevig gerestaureerd
in de 4de eeuw n. Chr.

Het circus van Tyrus, in Zuid-Libanon, is één van de meest volledig
opgegraven en best bewaarde in de Romeinse wereld. Het had een capaciteit van 25-30.000 personen. De bouw van het circus valt heel moeilijk
te dateren en moet waarschijnlijk gesitueerd worden tussen het midden
van de 2de en het midden van de 4de eeuw n. Chr. Mogelijk was het, net
zoals in Laodicea, een gift van Septimius Severus voor de steun van de
stad in de burgeroorlog van de jaren 190 n. Chr.

De hippodroom van Caesarea Maritima is samen met die van Tyrus en
Antiochië één van de best bekende in het oosten en moet gedateerd wor-
den in de 2de helft van de 2de eeuw of het begin van de 3de eeuw n. Chr.
Andere gekende hippodromen in uit de regio zijn Bosra en Gerasa. Deze
van Gerasa is een Romeins circus, aangepast voor de Griekse spelen.
(HUMPHREY 1986: 438-540)

2.5 Badhuizen

De Romeinen zochten niet alleen ontspanning in grote spektakelge-
bouwen zoals theaters, hippodromen en stadia, één van de meer rustige
ontmoetingsplaatsen waren de badhuizen. Naast hun hygiënische functie, waren het belangrijke ontmoetingsplaatsten en oorden van rust. Deze
konden zowel van publieke als private aard zijn, kleinere exemplaren
waren vaak onderdeel van de grote ontspanningsgebouwen. Bij recente
opgravingen aan het theater van Jebleh (lente 2007) heeft men bijvoorbeeld een kleine badinstallatie gevonden, waarschijnlijk te gebruiken
door het personeel van het theater. Ten noorden van Laodicea (Lattakia), tussen Ras ibn Hani en Minet el-Beida, werd in 2002 te Ain al-
Helwi, een groot badcomplex opgegraven met bakstenen vloeren, een
netwerk van waterpijpen en mozaïeken plateaus (Fig. 3) (HAIDAR 2006:
110). Een precieze datering voor het complex kon niet gegeven worden.

Fig. 3: Resten van het badcomplex te Ain al-Helwi (HAIDAR 2006: 110)

3. Bibliografie

BALL W. 2001. *Rome in the East. The Transformation of an Empire*. New York.

BALSDON J.P. 1969. *Life and Leisure in Ancient Rome*. New York.

BLEICKEN J. 1992⁴. *Geschichte der römischen Republik*. München.

BUTCHER K. 2003. *Roman Syria and the Near East*. Londen.

CAMERON A. 1976. *Circus Factions. Blues and Greens at Rome and Byzantium*.
Oxford.

DAHLHEIM W. 1989². *Geschichte der römischen Kaiserzeit*. München.

DUSSAUD R.1927. *Topographie historique la Syrie antique et médiévale*. Parijs.

HAIDAR J.H. 2006. Lattakia: The most important archaeological and touristic monuments. Lattakia (monografie in Arabisch)

HUMPHREY J.H. 1986. *Roman Circuses: Arneas for Chariot Racing*. Londen.

HUMPHREY J.H. 1974. Prolegomena to the Study of the Hippodrome at Caesarea Maritima. *Bulletin of the American Schools of Oriental Research* 213: 2-45.

KENNEDY D. en RILEY D. 1990. *Rome's desert frontier from the air*. Londen.

MAUNDRELL H. 1848. *A Journey from Aleppo to Jerusalem*. Londen.

JACQUOT P. 1927. *L' état des Alaouites. Terre d' art, de souvenirs et de mystère*. Beiroet.

PATRICIO T. 2001. *2001 report on the restoration and excavation project of the Roman Theatre of Jebleh*. Jebleh.

POTTER D.S. en MATTINGLY D.J. 1999. *Life, death and entertainment in the Roman Empire*. Michigan.

ROUGÉ J. 1966. *Expositio totius Mundi et Gentium* (Sources chrétiennes 124). Paris.

SALEH S. 2002. *The Roman Theatre of Jebleh; Case Study of the Main Façade*. Leuven (Ongepubliceerde Masterproef)

SCHULLER W. 1995⁴. *Griechische Geschichte*. München.

SEAR F. 2006. *Roman theatres. An Architecural Study*. Oxford.

BYZANTIJNEN, ARABIEREN, KRUISVAARDERS, TURKEN EN MONGOLEN – MILITAIRE ASPECTEN

Tom Coenegrachts, Andy Hilkens,
Dries Van Langendonck, Wesley Verstraeten

1. Historisch Overzicht

1.1 Byzantijnen (284-638)

Historici maken het onderscheid tussen Romeinen en Byzantijnen. Het is echter moeilijk om een duidelijke lijn tussen beide te trekken (de Byzantijnen zelf maakten het onderscheid overigens niet: zij noemden zich *Romanoi*, Romeinen). Wij maken dat onderscheid wel, en trekken de scheidingslijn ergens tussen de 4e en de 7e eeuw (Angold 2001). De Byzantijnen zijn de erfgenamen van de oostelijke deel van het Romeinse Rijk. Het Byzantijnse Rijk heeft geen goede reputatie, zelfs niet bij historici. E. Gibbon, die eind 18e eeuw het basiswerk voor de Romeinse en Byzantijnse oudheid schreef, beschreef het rijk als een staat "in voort-durend verval" (Gibbon 1776-1788). Het gevolg is dat weinig verdien-sten aan de Byzantijnen worden toegekend. Zo zijn de miniatuurkunst en Byzantijnse wetenschap, maar ook hun soms verfijnde militaire kennis 'vergeten' goed in de geschiedenis.

In deze bijdrage komt de Byzantijnse periode overeen met wat men ook wel als de 'Vroeg-Byzantijnse fase' kent, de periode van 284 tot 638, waarin het Byzantijnse Rijk de Levant en Egypte nog in bezit had. Na 638 bleef het rijk bestaan en nog een belangrijke rol spelen, maar het zou nooit meer over geheel Syrië heersen.

Het christendom speelde vanaf de Byzantijnse periode een dominante rol. Deze religie had intussen heel wat aanhangers in de Romeinse Rijk, maar trad vooral na de crisis van de derde eeuw (zie vorige bijdrage) op de voorgrond. Constantijn de Grote speelde hierin een belangrijke rol (Angold 2001). Hij gaf, met het Edict van Milaan (313), godsdienst-vrijheid aan de groeiende christelijke gemeenschap en bekeerde zich als eerste Romeinse keizer op zijn sterfbed in 337. Daarmee eindigden ook de vervolgingen, zoals die van Decius en Diocletianus in de derde eeuw. Theodosius I (379-395) ging een stap verder door het christendom als

enige staatsgodsdienst te erkennen en de overigen te verbieden. Het heiden-
se Romeinse Rijk veranderde zo in het christelijk Byzantijnse Rijk. Syrië,
gelegen net ten noorden van het kernland van het christendom, speelde een
belangrijke rol in zowel de ontwikkeling van het christendom als in het
christianiseren van het Byzantijnse Rijk. De kerkarchitectuur in Syrië vormt
tevens een belangrijke schakel in de ontwikkeling van de kruisvormige
kerkplattegrond, die men tot op vandaag gebruikt. Antiochië was een van
de vijf patriarchzetels (naast Constantinopel, Rome, Alexandrië en Jeruzalem) en er werden een aantal belangrijke concilies gehouden (GREGORY
2005). Langs de Syrische kust waren verschillende steden de zetel van een
bisdom: Balanaea (Banias), Paltus, Gabala (Jebleh) en Laodicea (Lattakia).

Naast religie veranderde er echter weinig voor de inwoners van Syrië.
De voertaal bleef het Grieks, de handelspositie bleef ongewijzigd en ook
politiek gezien wijzigde er in de eerste drie eeuwen nauwelijks iets. Het
provinciesysteem werd in eerste instantie van de Romeinen overgenomen, maar men werkte met kleinere eenheden. De Syrische kustregio
behoorde toe aan de kleinere provincie Theodorias. Aan de oostgrens had
de aartsvijand van Rome, Parthië, plaats gemaakt voor het rijk van de
Sassaniden. Hiermee kwam het Byzantijnse rijk regelmatig in botsing.
Het bleef op een aantal zware aardbevingen (zoals die van 485) en de
kortstondige inval van de Sassaniden in de vroege 7^e eeuw na, relatief
rustig in Syrië (BOIY 2008).

1.2 Arabieren, Kruisvaarders, Turken en Mongolen (638-1516)

In het midden van de 7^e eeuw, kreeg het Byzantijnse Rijk met een
enorm krachtige, nieuwe vijand te maken: de Arabieren. In de 7de eeuw
verenigden de Arabische stammen zich onder impuls van een nieuwe religie die kort daarvoor, in 622 was ontstaan met de prediking van de pro-
feet Mohammed: de islam (PETERS 1999). Slechts enkele jaren na
Mohammed's dood, in 632, behaalde de kalief Omar (opvolger van
Mohammed) een belangrijke overwinning op het Byzantijnse Rijk te
Yarmuk nabij Jeruzalem in 635. De Byzantijnen verloren Syrië, Palestina
en Egypte in 638 aan de Arabieren. De islamitische expansie ging onver-
minderd voort, tegen 715 controleerden de Omajjaden-kaliefen een staat
die reikte van Spanje tot Indië, groter dan welk rijk ooit tevoren was
geweest (HAWTING 1986). Syrië fungeerde onder de Omajjaden als het
culturele middelpunt van de Arabische cultuur, toen de kaliefen te Damascus resideerden. Vanaf 750, onder de Abbasiden-kaliefen, nam Bagdad
in het huidige Irak die functie over.

Al snel echter vertoonde het Arabisch-islamitisch rijk scheuren. Pogingen om de rest van het Byzantijnse Rijk (Anatolië en de Balkan) in te palmen mislukten, wat deels te wijten was aan de sterke hervormingen van de Byzantijnse keizer Herakleios (610-641). Deze deelde het rijk administratief in *themata* op, regio's die een bepaalde hoeveelheid soldaten moesten leveren aan de provincieleiding, de *strategos*. Deze regeling bevorderde de weerbaarheid van de Byzantijnse gebieden sterk en was mede de oorzaak van het stilvallen van de Arabische expansie. In Europa werd de Arabische expansie gestopt door Karel Martel. Ook intern geraakten de Arabieren verdeeld, door bijvoorbeeld de splitsing tussen Sjiisme en het Soennisme (MADELUNG 1997).

De gevolgen waren al in de 8ste, maar vooral in de 9de en 10de eeuw merkbaar: de islamitische wereld viel ten prooi aan verdeeldheid. Een burgeroorlog verdreef de Omajjaden en plaatste de Abbasiden aan hoofd van het rijk. Zij kregen echter ook te maken met opstanden en steeds vaker splitsten verschillende kalifaten en emiraten zich af van de centrale staat. Tegen 900 bestuurden de Abbasiden enkel nog het Midden Oosten. De belangrijkste afscheuring was het Fatimiden-kalifaat in Egypte (VERMEULEN en DE SMET 1995). Het Byzantijnse Rijk profiteerde van deze interne verdeeldheid van de Arabische wereld. Het kon, dankzij enkele krachtige keizers zoals Basileios II (976-1025) enkele verloren gebieden terug innemen. Een aantal Noord-Syrische steden en een klein deel van de kustregio werden zo terug Byzantijns bezit.

Het machtsevenwicht tussen de Arabieren en de Byzantijnen werd in de 11^e eeuw grondig verstoord, toen een nieuwe speler op het strijdtoneel verscheen. De (etnisch Turkse) Seldsjoeken namen grote delen van het Abassidenrijk in het Midden Oosten over. In augustus 1071 versloegen zij ook het Byzantijnse leger te Manzikert (in Armenië) (CHEYNET 1980). De Seldsjoeken konden zo het grootste deel van Anatolië en Syrië innemen. Alexios I Komnenos, die in 1081 op de Byzantijnse troon kwam te zitten, kon met matig succes de Turken terugdrijven.

Het Byzantijnse Rijk zat dan eigenlijk in een relatief veilige positie. De soennitische Seldsjoeken hadden hun handen vol in de strijd tegen de sjiitische Fatimiden in Egypte. Toch riep Alexios I (1081-1118) de hulp van de christenen uit het Westen in tegen het moslimgevaar. Het gevolg was een reeks van negen kruistochten (in de periode 1095-1272) naar Syrië en Palestina, met als doel een christelijk bestuur te installeren. De eerste kruistocht (1095-1099) was de meest succesvolle, met als uitkomst de inname en plundering van Jeruzalem. Uit andere overwinningen werd uiteindelijk de hele kuststreek van Syrië en Palestina omgevormd tot vijf kruisvaarderstaten die zich tot 1291 zouden kunnen handhaven (TYER-MAN 2006). Stukken van Syrië kwamen zo onder christelijk bestuur. De overige acht kruistochten waren minder succesrijk. De kruisvaarderstaten werden vanaf hun stichting in het defensief gedwongen, wat blijkt uit de machtige forten die de kruisvaarders bouwden (zoals Krak des Chevaliers in Syrië) en de stichting van ridderordes, die de pelgrims en de christelijke belangen moesten beschermen (HOLT 1986).

Met de opkomst van de Ajjoebiden, die de Fatimiden in Egypte vervingen, kwam het tijdperk van de kruisvaarders ten einde. De belangrijkste Ajjoebidische vorst, Saladin (1174-1193), kon Jeruzalem op de kruisvaarders innemen (1187). Ook Syrië werd gaandeweg terug heroverd door de Arabieren. Toen de Mamelukken in 1250 de Ajjoebiden verdreven en hun plaats innamen, schoot er van de christelijke staten in het Nabije Oosten niet veel meer over. In Anatolië verenigden de Turkse Ottomanen aan het begin van de 14e eeuw de resten van het Seldsjoekenrijk en zo kan men vanaf 1299 van de Ottomaanse staat spreken (GREGORY 2005).

Vanuit het oosten verscheen echter in het midden van de 13e eeuw een nieuwe speler om mee rekening te houden, de Mongolen (PETER 2005). De Mongoolse hordes waren bijzonder mobiel en met hun efficiënte ruiters en trokken ze plunderend door het Midden Oosten. In 1258 plunderden zij Bagdad, het kloppende hart van de moslimcultuur. In 1253 (en opnieuw in 1300) vielen ze eveneens Syrië binnen, met de grootschalige plunderingen van Aleppo en Damascus tot gevolg. Op het einde van de 14e eeuw, kende de Mongoolse expansie een korte heropleving onder Timur Lenk. Deze kon opnieuw doordringen tot in Bagdad en versloeg de Ottomanen in de slag bij Ankara (1402). Het gigantische Mongoolse Rijk verbrokkelde echter al snel, waardoor zowel de Ottomanen als de Mamelukken (die tegen het begin van de 15e eeuw Syrië en Palestina controleerden) zich relatief snel konden herstellen.

Op economisch gebied, was Syrië de grote verliezer van de woelige Middeleeuwen in het Nabije Oosten. De plaatselijke industrie en expertise in de productie van textiel en glas overleefden de vele machtswisselingen en plundertochten niet. De handel bleef weliswaar een grote bron van inkomsten, maar zowel de Ottomanen als het opkomende Rusland openden elk hun eigen handelswegen naar het Verre Oosten, waardoor de Syrische handelaars voor het eerst concurrentie kregen. Ook de Fatimiden (en later de Mamelukken) trachtten een deel van de zijderoute langs Egypte te verhandelen. De Mongoolse plundertochten van de late Middeleeuwen maakten voor lange tijd de routes onveilig, waaronder de handel in het algemeen het zwaar te verduren kreeg.

Vandaag zijn de meest in het oog springende resten langs de Syrische kust uit de hierboven beschreven periodes de burchten, gelegen op talloze strategische posities. Ze domineren de kustlijn en vlaktes en getuigen van de militaire activiteiten van haar vroegere bezetters en veroveraars. De burchten vormen het zichtbare bewijs van doordachte krijgskunde die met de fortificaties een hoogtepunt bereikte in deze regio. Een minder tastbaar staaltje van Syrische innovatie ontstond in het Byzantijnse leger met de ontwikkeling van Grieks vuur.

2. Het Byzantijnse leger

De belangrijkste bronnen voor de werking van het leger in het Byzantijnse rijk zijn de zogenaamde *Tactica*. Dit zijn werken over militaire strategie en veldslagen en vormden in de Byzantijnse periode een op zichzelf staand genre van literaire werken. Verschillende *Tactica* zijn bewaard gebleven zowel van keizers, bevelhebbers, gewone soldaten als anoniem. Deze werken bevatten een schat aan informatie over het leger: krijgstactieken, strategie, logistiek, wapenuitrusting, enz. Een onderdeel van het *Tacticum* van keizer Leo VI (886-912) handelt over het maritieme aspect van oorlogsvoering en wordt beschouwd als een standaardbron over de Byzantijnse vloot. Dit onderdeel wordt de *Naumachica* genoemd. (STRÄSSLE 2006: 27 e.v.)

2.1 Het Byzantijnse leger: Van Romeins erfgenaam tot Byzantijnse eigenheid

In een bespreking over het Byzantijnse leger, kan men niet ontkennen dat het in het begin de erfgenaam was van zijn Romeinse voorganger. Een wezenlijk verschil was dat er meer nadruk werd gelegd op strategie en tactiek dan op discipline zoals bij de Romeinen. In het tot wasdom komen van het Rijk, kan men enkele belangrijke scharniermomenten ontdekken, waarvan het belangrijkste de hervormingen van de θέματα (*themata*) betreft. Deze vonden plaats in de 7de eeuw als reactie op het Perzische gevaar, een precieze datering ervan is moeilijk (WINDROW 1998: 17). Maar wat hield deze radicale verandering nu juist in?

Het Rijk werd administratief opgedeeld – in tegenstelling tot de provincies en diocesen van zijn Romeinse voorganger – in *themata*. Elke inwoner kreeg een lap grond en van de opbrengst daarvan moest hij zijn paard en legeruitrusting betalen. Hij kreeg dus geen soldij. Oorspronkelijk waren er vier *themata*: *Opsikion*, *Anatolikon*, *Armeniakon* en *Thrakesion*. Later kwamen daar nog enkele maritieme *themata* bij en de vier grootste werden in kleinere eenheden opgedeeld, aangezien de strategen, de bestuurders die bekleed waren met zowel militaire als burgerlijke macht, te machtig waren geworden.

Het Byzantijnse Rijk was hoofdzakelijk defensief ingesteld. In eerste instantie werd er veel gebruik gemaakt van diplomatie en spionnen. Militaire acties werden meestal pas ondernomen als reactie op buitenlandse aanvallen of desnoods slechts als voorzorgsmaatregel. Het leger paste zich ook aan zijn tegenstander aan. Zo werden zwaarbewapende soldaten ingezet tegen de zwaarbewapende cavalerie van de Perzen, doch niet veel later zou de uitrusting van de Byzantijnse ruiterij radicaal veranderen, in navolging van de lichtbepantserde en meer wendbare cavalerie van de Arabieren (HALDON 2002: 39 e.v.).

Een belangrijk aspect binnen het militaire apparaat, was het veelvuldige gebruik van vreemdelingen: zoals Germanen, Vlamingen, Varjagen, Catalanen, Turken, Petsjenegen, Russen, Alanen, Italianen, Normandiërs, Franken, enz... Vaak werden deze in op zichzelf staande eenheden geplaatst, die σύμμαχοι (*symmachoi*, bondgenoten) werden genoemd, naar de Romeinse *symmacharii*. (HALDON 2002: 51; JOHNSON 2000: 20-36; WINDROW 1998: 23)

2.2 Water en vuur

Bij de Byzantijnse vloot vinden we hetzelfde aanpassingsvermogen terug als bij het landleger. De vloot werd uitgebouwd als de tegenstander dat ook deed, zoals wanneer de Arabieren zich maritiem gingen profileerden. Toen de toenmalige gouverneur van Syrië en latere kalief Mu'awya (661-680) zijn schepen in de Middellandse Zee uitzette, reageerden de Byzantijnen met de oprichting van de maritieme *themata* en de bijhorende vloot. Voor deze hervormingen was een Byzantijnse 'staande' vloot eigenlijk onbestaande. Indien nodig, werden handelsschepen gebruikt (BRÉHIER 1949: 1-3).

Er zijn verschillende soorten schepen, vooral bekend uit de *Naumachica* van keizer Leo VI, waarvan de belangrijkste de δρόμον (*dromon*) is. Dit standaardtype kon tot tweehonderd mensen herbergen, de kleinere galeischepen konden bemand worden met veertig mensen. Het vlaggenschip, waarop de strateeg zich bevond werd πάμφυλον (*pamphylon*) genoemd.

Het wapen dat symbool staat voor de Byzantijnse vloot is het 'Grieks Vuur'. Er bestaan verschillende legendes rond het ontstaan ervan, zoals het verhaal dat een engel de formule aan Constantijn de Grote zou hebben toegefluisterd.

Deze uitvinding is niet van de ene op de andere dag ontstaan. Al eeuwen jongleerde men met brandbare stoffen en manieren om deze op een effectieve manier als wapen te kunnen gebruiken. Het concept dat wij als Grieks Vuur kennen, werd verfijnd door een Syriër, Kallinikos. Deze kwam omstreeks 668 in Constantinopel aan, nadat hij uit Syrië was gevlucht voor de Arabische veroveraars (MAYOR 2004: 240-241). Het principe dat hij bij het Grieks Vuur hanteerde was op zich eenvoudig. Een chemische, brandbare substantie werd met behulp van een bepaald systeem (σίφωνες, een flexibele lange buis vooraan het schip) afgevuurd naar de vijandige schepen. De technische details zijn ons onbekend: de juiste formule en het gebruikte systeem zijn verloren gegaan. Verschillende bronnen vermelden als onderdeel van de vloeistof 'nafta'. Op basis van afbeeldingen wordt afgeleid dat het van op schepen door lange cilinders naar buiten werd gestuwd. Een efficiënte manier om schepen ertegen te beschermen, was er niet. Zelfs water kon het Grieks Vuur niet blussen: het zette het zeeoppervlak in lichterlaaie en eens het op een schip terechtkwam, was ook dat gedoemd te branden. In latere periodes werd er een *handheld*-versie (χειροσίφωνα) van het wapen ontwikkeld, waar-

Fig. 1: Gebruik van Grieks Vuur in een miniatuur uit het manuscript van Ioannes Skylitzes (GRABAR en MANOUSSAKAS 1979: Pl. VI)

door iemand de chemische substantie in een soort granaten kon wegwerpen. De innovatie van de Syriër Kallinikos, zorgde ervoor dat de Byzantijnse vloot en later ook het landleger, een 'te mijden' reputatie genoot en het was één van de redenen waarom de uiteindelijke ondergang van het Rijk zo lang kon worden uitgesteld. (MAYOR 2004: 240-242; BRÉHIER 1949: 9-10)

2.2 Scandinaviërs en Engelsen in Syrië

In de 7de eeuw, kreeg het oostelijk deel van het Byzantijnse Rijk het hard te verduren, zo ging in 637 de grootstad Antiochië verloren aan de oprukkende Arabieren (KÜHN 1991: 170). Het duurde tot de 10de eeuw, een periode waarin de keizers een offensief beleid voerden, vooraleer er een poging werd ondernomen om Antiochië en het zuiden opnieuw in handen te krijgen. Na de herovering van Antiochië in 969 door Michael Burtzes werd de regio omgevormd tot een doukaton, het δουκᾶτον ̈Αντιοχείας (doukaton Antiocheias), met aan het hoofd een gouverneur of δούξ (doux). Het doukaton vervulde militair gezien een belangrijke rol. Zo was het de meest zuidoostelijk gelegen regio binnen het Rijk, waardoor het de toegang tot Klein-Azië beschermde (HOLMES 2004: 301-304, 331-341; KÜHN 1991: 170-172).

Gedurende honderd jaar, werden er in en rond doukaton Antiocheias nog regelmatig militaire campagnes gehouden. Een laatste krachttoer in Syrië ontplooide zich in 999, tijdens een expeditie belegerde en veroverde de Byzantijnse Keizer Basileios II (976-1025) onder meer de stad Emesa, het huidige Homs. Opmerkelijk was, dat bij deze militaire operatie de Byzantijnen voor het eerst beroep deden op de Varangische Garde. (BLÖNDAL 1981: 46; HOLMES 2004: 306-307, 346-347)

De term Varangiërs/Varjagen is waarschijnlijk afgeleid van het Oud-Noorse woord vàr, wat zoveel betekent als 'gelofte'. Het werd door de Byzantijnen, via de Russen, gebruikt om Scandinaviërs aan te duiden. De Garde bestond uit krachtige, hevig strijdende en stevig drinkende barbaren uit het noorden van Europa. Hoewel het Byzantijnse Rijk al in het begin van de 10de eeuw een beroep deden op mannen uit het hoge noorden, werden ze pas onder de regering van Basileios II een vast en wezenlijk onderdeel van het leger. De jonge keizer had tijdens de aanslepende burgeroorlog in het begin van zijn regeringsperiode steun aan de Russen gevraagd. In 988 stuurde prins Vladimir van Kiev hem een permanent contingent strijders ter grootte van zesduizend ruiters, bekend als de Varangische Garde. Deze loyale strijders werden door de keizer onmiddellijk ingezet als een soort lijfwacht en werden daarvoor rijkelijk betaald. Tegen het einde van de elfde eeuw doken er ook Engelsen op in de Garde. (BLÖNDAL 1981: 1-14, 166-176; TREADGOLD 1995: 37, 79, 84, 115-116; WINDROW 1998: 14-16)

3. Kruisvaardersburchten

De kuststrook van het huidige Syrië en het onmiddellijke hinterland maakten sinds de eerste kruistocht deel uit van het Principaat Antiochië en het graafschap Tripoli (DECHAMPS 1977). De kruisvaarders trokken, zowel aan de kust als in het binnenland, massaal versterkingen op als uiting van hun autoriteit en om het veroverde land te kunnen beheersen. Deze bouwsels speelden vaak uiteenlopende rollen: defensief (grensverdediging of verdediging van belangrijke wegen), offensief, administratief, juridisch, onderkomen van de plaatselijke landheer en/of het garnizoen, als refuge en ook als machtssymbool. Hun vormen waren even divers als hun functies, een versterking kon zowel bestaan uit 1 enkele toren als voorkomen in de vorm van een burcht met vele torens en machtige muren (voor typologie: ADRIAN 1999: 93-118). Natuurlijk moet men hierin ook rekening houden met een tijdsgradiënt, wat begon als een eenzame toren kon uitgroeien tot een grote vesting. De standplaats werd vooraf secuur gekozen. Vooral de strategische ligging was zeer belangrijk, een hoogte was daarom te verkiezen maar ook in de kustvlakte trokken de kruisvaarders burchten op waarbij (schier)eilanden een groot voordeel boden. Daarnaast, was de aanwezigheid van bouwmateriaal wenselijk, en was water een absolute noodzaak. Omdat de grondwatertafel laag stond en dit zeker op natuurlijke hoogtes een probleem vormde, maakte men gebruik van cisternes, grote, meestal overdekte waterbekkens om het regenwater van de in hoofdzaak platte daken op te vangen en op te slaan. Zeer typisch was ook de aanwezigheid van een kapel of kerk binnen de Westerse versterkingen.

Aangezien Syrië en de gehele Levant vele bezetters en volkeren hebben zien passeren, werden sommige burchten geënt op al bestaande bouwwerken of nederzettingen van Byzantijnse, Arabische of nog oudere oorsprong (vele volkeren hadden namelijk al oog gehad voor strategisch goed gekozen plaatsen).

In de twee eeuwen dat de "Franken" de lakens uitdeelden, werd de Levant, omwille van het vrijwel onophoudelijke oorlogsgeweld, een laboratorium voor krijgstechniek en militaire architectuur. Ze brachten

uiteraard hun eigen ideeën mee, maar werden tevens beïnvloed door de
Byzantijnen, die steunden op Romeinse tradities, de Arabieren, maar
vooral de Armeniërs, die vanaf de eerste kruistocht werden ingezet als
bouwmeesters en krijgsingenieurs, iets waar ze klaarblijkelijk in uit-
muntten (HOFRICHTER 1999: 104). Zo zou de techniek van de vierkante
en ronde flankeertorens, belangrijk bij de verdediging van de muur, hier
opnieuw zijn opgepikt, alsook het gebruik van schietgaten. Steen- en
gewelfbouw werden, gezien de hoge kostprijs en relatieve zeldzaamheid
van hout, verder ontwikkeld. Hierover bestaan grote discussies binnen
het wetenschappelijke milieu, maar men is het erover eens dat wederzijdse invloeden en uitwisselingen hebben plaatsgegrepen. (KENNEDY
1995: 11-20; BURGER 2004: 116-135; HOFRICHTER 1999: 104-108;
PHILLIPS 2002: 81-86; ADRIAN 1999: 91-122)

De belangrijkste kruisvaardersversterkingen in Syrië zijn: Artah,
Harim, Bakas-Shugur, Bourzey, Qal'at Salah ad-Din, Qal'at la-Mehel-
beh, Qal'at Ben Qahtan, Qal'at Mudiq, Qal'at Marqab, Maraclé, Tartus,
Chatel Rouge (Qal'at Yahmur), Chatel Blanc (Safita), Qal'at Areimeh,
Krak des Chevaliers, Akkar, Arwad, Rafanée, Montferrand (BURNS 2000).
Een selectie hieruit, namelijk Saône, Krak des Chevaliers en Qalat
al-Marqab, alsook het versterkte theater van Jebleh, worden hieronder
besproken.

3.1 Saône / Qal'at Salah ad-Din

Deze plaats werd ten laatste in de mid-10de eeuw versterkt door de
Hamdaniden, een Arabische dynastie uit Noord-Syrië. De Byzantijnen
veroverden de versterking in 975, bouwden haar uit en behielden het tot
1108, toen de Franken het op hun beurt veroverden. Tot 1188 behoorden
de heren van Saône tot de machtigste van het prinsdom Antiochië. Salah
ad-Din nam toen de burcht in, waardoor die voorgoed verloren was voor
Frankische bezetter. (KENNEDY 1995: 84-85; MICHAUDEL 2002)

Het bouwwerk ligt op een landtong van 700 m lang, afgeboord met
steile wanden. De Byzantijnen omwalden het geheel en sloten het af van
het aangrenzende plateau door middel van een dwarsmuur, later uitgebreid tot twee. Op het hoogste punt, binnen de citadel, bouwden ze een
fort met flankeertorens. In het westen van het terrein lag een nederzetting
met minstens 2 kerkjes, omringd door een meer bescheiden wal. De kruisvaarders bouwden deze versterkingen verder uit tot een schijnbaar onin-
neembaar complex. Zo bouwden zij een derde muur aan de oostelijke
afscheiding en hakten ervoor een enorme kloof uit, die tevens dienst deed

als steengroeve (137 lang, 20 meter breed en 28 meter diep; 170.000 ton steen). In het midden hiervan, liet men een stenen piek staan als steun voor de houten brug naar de poort. Verder werden de wallen versterkt met rechthoekige en ronde flankeertorens, werd er een grote cisterne aangelegd en trok men de enorme meestertoren op. In het westen begon men de nederzetting met een gracht te scheiden van de citadel, maar deze werd nooit voltooid. Dit bleek dan ook de zwakke plek te zijn, gezien Saladin hier kon doorbreken.

Hierna kende het fort, dat uitgroeide tot een heuse stad, nog vele aanpassingen en uitbreidingen, met zekerheid te attesteren tot in de 17de eeuw en waarschijnlijk nog later. (ADRIAN 1999: 115-116; KENNEDY 1995: 84-96; MESQUI e.a. 2002)

Fig. 2: De door mensen uitgehakte kloof ter verdediging van de burcht – Foto E. Cuypers

3.2 Castrum Margat / Qal'at al-Marqab

De grote burcht van Marqab kijkt vanop een eenzame driehoekige heuvel van 360 meter hoog uit over de Middellandse Zee (nabij de stad Baniyas). In 1062 duikt de plaats voor het eerst op in Arabische bronnen. Byzantijnen namen het in 1104 even van hen af. In 1117/18 wist Roger, Prins van Antiochië, het door ruil te bemachtigen, dit echter ook niet voor lange tijd. Anno 1140 veroverden de manschappen van Renaud I de Masoiers de burcht bij verrassing, terwijl het Assassijnse garnizoen in bad zat. In 1186 verkocht Renaud de versterking aan de Hospitaalridders, die het tot 1285 behielden. De Mamelukse Sultan van Egypte, Qala'un, nam het in minder dan een maand in, vooral door ondermijning. De burcht bleef één van de belangrijkste versterkingen van Syrië, dienst doende als gevangenis en garnizoenplaats, tot het begin van de 20ste eeuw.

Ook Marqab bestaat uit een citadel met een ommuurde nederzetting in het noorden. Het huidige gebouw is vooral het eindproduct van de vele

QAL'AT MARQAB
MARGAT

Plan van de Site

Fig. 3: Qal'at Marqab, met op de spitse uitloper bovenaan de eigenlijke burcht met ervoor de nederzetting (naar MESQUI 2003a).

bouwcampagnes van de Hospitaalridders en van latere toevoegingen en reparaties na 1285. Het gehele complex is opgetrokken in zwart basalt. De stad had ten laatste in 1212 een dubbele omwalling. Slechts de buitenste bestaat nog en is voorzien van talrijke halfronde flankeertorens, deze omwalling sluit trouwens ook de citadel in. Op de burcht zelf trok men een kerk op, een grote ronde meestertoren, een cisterne, verschillende zalen en galerijen voor handgeschut. Grote zalen, gebruikt als paardenstallen, opslagplaatsen, slaap- en leefzalen voor de vaak zeer grote garnizoenen, zijn eigen aan versterkingen van de grote ridderordes,. Op de platte daken, was er voldoende plaats voor krijgsmachines. Op een enkele toren is de bekroning bewaard gebleven, deze bestaat net als in Saône uit twee verdiepingen: de onderste met schietgaten en daarboven de weergang met kantelen. (ADRIAN 1999: 113-114; KENNEDY 1995: 168-169; MESQUI 2003a)

3.4 Krak des Chevaliers / Qal'at al-Hosn

In 1031, installeerde de emir van Homs een Koerdisch garnizoen op een al eerder versterkte plaats. Deze werd Hisn al-Akrad gedoopt, Burcht van de Koerden. Anno 1110, veroverde Tancrède van Antiochië de vesting, na meerdere vruchteloze pogingen van de kruisvaarders. Twee jaar later schonk hij het Krak aan het graafschap Tripoli. De burcht kwam in 1142 door een schenking van Raymond II van Tripoli in handen van de Hospitaalridders. Dit uit tactische overwegingen gezien de constante dreiging die de nabijgelegen stad Homs, in handen van de moslims, vormde. Salah ad-Din ging na de slag van Hattin aan het fort voorbij, omdat het te sterk was. Maar ook op Margat beet hij zijn tanden stuk. Tot 1271 behielden de kruisridders de burcht, maar toen gaven ze zich na een maand van strijd over aan de Mamelukse Sultan van Egypte, Baybars.

Vanop een hoogte domineert het Krak een zeer vruchtbare en heuvelachtige streek met veel neerslag. Dit grensgebied, met haar rijke opbrengst, was zeer gewild en om ze blijvend te kunnen behouden was een goede versterking meer dan nodig. Bovendien lag de burcht in de Opening van Homs, een eeuwenoude passage door de bergen van de Syrische kuststreek naar het binnenland en vice versa.

Het huidige bouwwerk is een opeenstapeling van veel verschillende bouwcampagnes. De oudste nog te traceren structuur, bestond uit een omwalling van de hoogte met rechthoekige torens. Deze kan men grofweg dateren tussen 1142-1170. Aan de binnenzijden van de muren

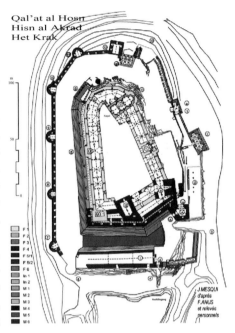

Fig. 4: Krak des Chevaliers in de eerste helft van de 13de eeuw (naar MESQUI 2003b).

lagen over de gehele lengte hallen, typerend voor garnizoenburchten. Niet lang hierna werd in één van de oude torens een kapel geïnstalleerd. Verwoestingen door aardbevingen en militaire noodzaak maakten dat dit basisschema in de 100 jaar die volgden grondig werd uitgebouwd. Aan de zwakkere zuid- en westzijden legde men een glacis (schuine muur) aan met daarbovenop een extra muur, versterkt door (half)ronde torens. Hiermee samenhangend werd de toegang voorzien van een lange tunnel met een scherpe draai en een open waterbassin voor het glacis van de zuidmuur. Ook werd de hoofdburcht omgord door een tweede, lagere muur, met ronde zowel als rechthoekige torens (het zou echter kunnen dat er in de 12de eeuw reeds een muur bestond). Men vermoedt dat deze bouwcampagnes volgden op de aardbeving van 1202, maar hier bestaat discussie over. In de loop van de 13de eeuw, verfraaide men bepaalde delen van de burcht ten behoeve van wooncomfort en representativiteit, zo werden een nieuwe gotische zaal, privé-appartementen voor de burchtheer en zijn naaste medewerkers, enz uitgewerkt. Het gehele bouwwerk bestaat uit glad gehouwen kalksteenblokken, die enkele kilometers verderop werd gedolven. Opmerkelijk zijn de op sommige plaatsen bewaarde machicoulis, stenen overkragingen van de muur om deze efficiënter te kunnen beschermen, en de talrijke schietgaten die zelfs in het glacis werden aangebracht. (KENNEDY 1995: 145-165; MESQUI 2003b)

3.4 Jebleh

Een buitenbeentje is het Romeinse theater van Jebleh uit de eerste helft van de 3de eeuw n. Chr., dat tot een versterking werd omgebouwd. Men sloot alle openingen aan de buitenzijde van het gebouw af en trok mogelijk hoektorens op, die nu verdwenen zijn vanwege de latere exploitatie als steengroeve. Deze versterking is waarschijnlijk te dateren in de tijd van de kruistochten. De manier van bouwen kan toegeschreven worden aan de kruisvaarders. PATRICIO 2002: 12)

4. Bibliografie

ADRIAN J.B. 1999. *Crusader Archaeology. The Material Culture of the Latin East.* Londen – New York.

ANGOLD M. 2001. *Byzantium. The Bridge from Antiquity to the Middle Ages.* Londen.

BLÖNDAL S. 1981. *The Varangians of Byzantium.* Cambridge.

BOIY T. 2008. Gabala. Jebleh during the Hellenistic and Roman Periods. In *In Search of Gibala*, eds. J. Bretschneider en K. Van Lerberghe. Barcelona. (In druk)

BRÉHIER L. 1949. La marine de Byzance du VIIIe au XIe siècle. *Byzantion 19*: 1-16.

BURGER D. 2004. Burgen der Kreuzfahrer im Heiligen Land. In *Die Kreuzzüge: Kein Krieg ist heilig.* ed. H.-J. Kotzur. Mainz. 116-135.

BURNS R. 2000. *Monuments of Syria. An Historical Guide.* New York.

CHEYNET J. 1980. Manzikert, un désastre militaire? *Byzantion:* 410-438.

DECHAMPS P. 1977. Les châteaux des croisés en Terre Sainte III. La Défense du Comté de Tripoli et de la Principauté d'Antioche (Institut Français d'Archéologie de Beyrouth) Parijs.

GIBBON E. 1776-1788. *The History of the Decline and Fall of the Roman Empire.* Londen.

GRABAR A. en MANOUSSAKAS M.I. (eds.) 1979. *L'illustration du manuscrit de Skylitzes de la Bibliothèque nationale de Madrid* (Bibliothèque de l'institut hellénique d'études byzantines et post-byzantines de Venise 10). Venetië.

GREGORY T.E. 2005. *A History of Byzantium* (Blackwell History of the World). Oxford.

HALDON J. 2002. *Byzantium at War AD 600-1453*. Oxford.

HAWTING G.R. 1986. *The first dynasty of Islam: the Umayyad caliphate AD 661-750*. Londen.

HOFRICHTER H. 1999. Einflüsse von Kreuzfahrerburgen auf dem europäischen Burgenbau. In *Burgen in Mitteleuropa: ein Handbuch. Band I Bauformen und Entwicklung*. eds. H.W. Böhme & B. Von der Dollen, e.a. Darmstadt, 104-108.

HOLMES C. 2004. *Basil II and the Governance of Empire (976-1025)*. Oxford.

HOLT P.M. 1986. *The Age of the Crusades. The Near East from the Eleventh Century to 1517*. Londen.

JOHNSON L. (ed.). 2000. *Byzantine Armies 1118-1461 AD* (Men-at-Arms Series 287). Oxford.

KENNEDY H. 1995³. *Crusader Castles*. Cambridge.

KÜHN H.-J. 1991. *Die byzantinische Armee im 10. und 11. Jahrhundert. Studien zur Organisation der Tagmata*. Wenen.

MADELUNG W. 1997. *The succession to Muhammad: a study of the early Caliphate*. Cambridge.

MAYOR A. 2004. *Greek Fire, Poison Arrows and Scorpion Bombs: Biological and Chemical Warfare in the Ancient World*. Woodstock.

MESQUI J. 21/07/2006: http://www.castellorient.fr/
– 2003a. *Qal'at al-Marqab, le château de Margat. Description Archéologique. s.l.*
– 2003b. *Qal'at al-Hosn (anciennement Hisn al_Akrad) Le Crac des Chevaliers. Description Archéologique. s.l.*
– e.a. 2002. *Saône / Sahyoun / Qal'at Salah ad-Din. Rapport préliminaire de la mission effectué du 15 au 20 mai 2002. s.l.*

MICHAUDEL B. 21/07/2006: http://www.castellorient.fr/
– 2002. *Etude Historique de Qal'at Salah al-Din (Sahyun-Château de Saône). s.l.*

PATRICIO T. 2002. *Syro-Belgian Mission: Restoration of the Roman theatre of Jebleh, Report on the restoration and excavation project*. Leuven

PETER J. 2005. The Mongols and the West, 1221-1410. *The medieval world*. Harlow.

PETERS F.E. (ed.). 1999. *The Arabs and Arabia on the eve of Islam* (The formation of the classical Islamic world 3). Aldershot.

PHILLIPS J. 2002. *The Crusades 1095-1197*. Londen.

STRÄSSLE P.M. 2006. *Krieg und Kriegführung in Byzanz*. Keulen.

TREADGOLD W. 1995. *Byzantium and its Army 284-1081*. Stanford.

TYERMAN C. 2006. *God's war: a new history of the Crusades*. Cambridge.

VERMEULEN U. en DE SMET D. (eds.). 1995-. *Egypt and Syria in the Fatimid, Ayyubid and Mamluk eras* (Orientalia Lovaniensia Analecta). 7 delen. Leuven.

WINDROW M. (ed.). 1998. *Byzantine Armies 886-1118* (Men-at-Arms Series 89). Londen.

DE OTTOMANEN

GLENN DE NUTTE, DRIES VAN LANGENDONCK*

1. Historisch Overzicht

Slechts weinig Ottomaanse sultans zijn bekend geworden bij het westerse publiek. Eén naam die bijna altijd vernoemd wordt, is die van sultan Mehmed II. Hij nam op 29 mei 1453 Constantinopel in en gaf daarmee het toen zieltogende Byzantijnse Rijk de genadeslag. Die gebeurtenis was zo ingrijpend dat men er later het einde van de Middeleeuwen heeft mee aangeduid. Een sultan die meestal wordt vergeten, maar minstens even belangrijk was, is Selim I (1512-1520). Deze versloeg in een grootse veldtocht de Mammeloeken en palmde Syrië, Palestina en nadien ook Egypte in. De opvolger van Selim I, de veel bekendere, Suleiman I 'de prachtlievende' (1520-1566) versterkte zijn greep op de veroveringen van zijn voorgangers. Hij verjoeg de laatste kruisvaarders van Rhodos, bestreed met succes de Portugezen in het huidige Jemen en belegerde voor de eerste maal Wenen. Het Ottomaanse Rijk was in volle bloei.

Ondanks de grootsheid en de macht van Suleiman I, was er tijdens zijn regering een proces in gang gezet dat het einde zou betekenen voor de machtspositie van het rijk. Eeuwenlang was de kustregio van de Levant, met name Syrië, een eindpunt geweest van de belangrijke zijderoute, die oosterse luxeproducten naar het westen voerde. Tijdens de gehele middeleeuwen (en ook ten tijde van de Romeinen) was Europa hiervoor op het Nabije Oosten aangewezen. Syrië fungeerde als scharnier tussen het vragende westen en het biedende Verre Oosten. De handelaars vervoerden goederen via het binnenland van Azië, langs Perzië en Mesopotamië, naar de kusten van de Levant en Egypte, vanwaar ze Europa bereikten. Dit maakte handelsnaties zoals Venetië en Genua groot. De Nieuwe Tijd brak echter geheel met deze traditie. Portugese zeevaarders voeren al vroeg in de 15de eeuw stukje bij beetje de Afrikaanse kust af. Met de ontdekking van de relatief goedkope en veilige route over zee naar Indië en het het Verre Oosten ontstond er een zware concurrent voor de dure en

* Dank aan Prof. dr. Johan Van Heesch verbonden aan het Penningkabinet van de Koninklijke Bibliotheek van België te Brussel.

gevaarlijke zijderoute over land. De stichting van Portugese kolonies in Indië en Hollandse kolonies in Indonesië en omstreken maakte de land-route zelfs helemaal overbodig. De bloei van de handelscompagnieën, zoals de bekende Nederlandse Verenigde Oost-Indische compagnie en later ook de Britse koopvaardijvloten in de 17ᵉ eeuw gaf de genadeslag (Deze gezelschappen waren al in de 16ᵉ eeuw actief, maar floreerden pas echt in de 17ᵉ en 18ᵉ eeuw).

De kustregio van Syrië, die eeuwenlang de vruchten had mogen pluk-ken van de rijke handel, geraakte in economisch verval. Een groot deel van de handelstrafiek viel weg doordat de compagnieën de luxeproducten recht-streeks afnamen van de producenten (vaak hun eigen kolonies). De plaat-selijke industrie en productie van goederen, waarvoor de Syriërs in de oud-heid bekend stonden (en rijk werden), was tijdens de middeleeuwen bijna helemaal weggevallen. Het krachtige bestuur van Suleiman I over de gebie-den vertraagde het verval nog enigszins, maar in de periode na hem werd Syrië een arme, vergeten provincie. Toen in de Westerse wereld de Indus-triële revolutie van start ging en de welvaart daardoor steeg, bleef Syrië ver-stoken van deze impuls. Dit verval betekende ook dat het centrale gezag in Istanbul nog nauwelijks belastingen uit de provincie kon innen: Syrië werd vergeten. Het contrast met het rijke verleden kon niet scherper zijn.

Tijdens de 16ᵈᵉ eeuw, was het Ottomaanse Rijk nog een geduchte tegenstander van de Europese staten, maar in de 19ᵉ eeuw was daar niet veel meer van te merken. Aan alle kanten werd er aan het Ottomaanse ter-ritorium geknabbeld, en het rijk werd meermaals gered door buitenlandse diplomatieke ingrepen. De 19ᵈᵉ eeuw markeert ook de opkomst van een nieuw verschijnsel, het nationalisme. Dit betekende de doodsteek voor het etnisch gediversifieerde rijk. De Syriërs, etnische Arabieren, kwamen steeds meer in opstand tegen hun Turkse overheersers. Hoewel het Ara-bische nationalisme slechts moeilijk van de grond kwam, voerden de con-servatieve en Turksgezinde hervormingen door de 'Jonge Turken' in 1908 de spanningen alleen maar op.

Het Ottomaanse rijk nam deel aan de Eerste Wereldoorlog, maar aan de verliezende kant. Na afloop van de oorlog, in 1918, verdeelden de geallieerden het Ottomaanse gebied onder de winnaars, wat weliswaar een onafhankelijkheidsoorlog in Turkije uitlokte, maar voor Syrië het einde van de Ottomaanse periode betekende. Het zou tot 1946 een Frans mandaatgebied blijven.

Daar de economische relaties tussen de Syrische kustregio en het Wes-ten drastisch veranderden onder de Ottomanen, focussen we hieronder op enkele kleine materiële resten die dit opvallend duidelijk illustreren.

2. De leeuwendaalder: van protestantse oorlogsmunt naar Syro-Ottomaanse handelsmunt

En ist geen wonder dat het geldt; mij nimmer meer gerust stelt.
Hoe wel ick weeg en sluijt in cas, noch blijf ick gierich als ick was.

Bij aanvang van de opgravingscampagne te Tell Tweini in 2006 werd aan de oppervlakte van veld A een zilvermunt gevonden, los van elke stratigrafische context. Het betrof een leeuwendaalder afkomstig van de Republiek der Zeven Verenigde Nederlanden (*Belgica Foederata*) (VOET 2008).

Hoe kan één enkele munt, zonder verder gekende context, ons iets vertellen over Tell Tweini en haar geografische en economische omkadering gedurende dat tijdsgewricht?

Een daalder is een zilverstuk van ongeveer 30 gr zwaar, dat in waarde overeenkwam met een dunnere gouden munt. Beiden waren geschikt voor internationale betalingen. Eén van deze eerst zware zilvermunten werden onder graaf Stefan von Schlick (1487-1526) in 1519 in het Boheemse Sint-Joachimstal geslagen. Deze zilverling heeft aan de gehele soort zwaarwegende zilvermunten de naam Joachimstaler gegeven, later verkort tot taler, daalder, daler tot de huidige term dollar (VAN GELDER 1970: 62-63).

Tot één van deze zilverlingen, behoorde ook de latere leeuwendaalder. Zijn ontstaan is onherroepelijk verbonden met de onafhankelijkheidsoorlog tussen het machtige katholieke Spanje van Filips II (1527-1598)

Fig. 1: De leeuwendaalder – TWE-A-05500-M001
(Tell Tweini project – Foto B. Vandermeulen).

en de protestantse Noordelijke-Nederlanden die dankzij hun handel en industrie het economische centrum van Europa waren. Gedurende de 17de eeuw, beleefde de Republiek hun Gouden Eeuw, voor een belangrijk deel te danken aan de handel met de Ottomanen.

Ten gevolge van de noordelijke onafhankelijkheidsdrang, werd op 25 augustus 1575 op bevel van de Prins van Oranje, Willem I (1533-1584) in de provincie Holland een nieuwe munt geslagen van 27,68 gr met een zilvergehalte van 75% (20,76 gr) en een doorsnede van 42 mm, de leeuwendaalder. Weldra volgden ook de andere steunende provincies Zeeland, Utrecht, Friesland, Gelderland, Overijssel, Drenthe en de onafhankelijke steden Deventer en Zwolle dat voorbeeld (VAN GELDER 1970: 221).

Op een dergelijke daalder, zoals deze van Tell Tweini, ontbreekt voor het eerst de verwijzing naar de soevereiniteit van de Spaanse koning Filips II over de Habsburgse Nederlanden. Dat was revolutionair. In de plaats van een koningsportret vertoonde de voorzijde een staande ridder met het Hollandse provinciewapen in zijn schild en het volgende omschrift (VAN GELDER 1970: 79-80; VOET 2008):

MO.ARG.PRO.CONFOE.BELG.TRAxxx

MOneta ARGentea PROvinciarium CONFOEDeratarum BELGicarum en dan een provincienaam, in dit geval TRAiecti van Utrecht, wat betekent: "zilveren munt van de Verenigde Nederlandse Provincies te Utrecht geslagen" (VAN GELDER 1970: 194).

Op de keerzijde staat een heraldische klimmende leeuw, waaraan de zilverling zijn algemene bijnaam van de leeuwendaalder dankt (VOET 2008; VAN GELDER 1970: 79-80.)

De legende op de keerzijde luidde als volgt:

CONFIDENS.DNO.NON.MOVETVR.16XX

CONFIDENS DomiNO NON MOVETUR wat betekent: "Wie op de heer vertrouwt, blijft ongeschokt" gevolgd door de datum. De twee laatste cijfers van het jaartal op de munt van Tell Tweini zijn echter afgesleten en dus onleesbaar.

Enkele decennia later, werd de leeuwendaalder in de Verenigde Nederlanden uit circulatie genomen. Er zijn geen muntschatten meer gekend in de Noordelijke-Nederlanden van nà 1620 die nog leeuwendaalders bevatten (HAMDAN, ARENT en VAN DER KOOIJ 2006: 23).

Niettemin werden ze ook daarna nog in gigantische hoeveelheden geslagen, maar dan exclusief ten behoeve van de uitvoer naar de Levant. Aangezien de leeuwendaalder van iets mindere kwaliteit was dan de overige Europese zilverlingen, was het dé aangewezen munt voor buitenlandse handel met 'den vreemde'.

Het Ottomaanse rijk was op zoek naar een stabiele en sterke handelsmunt, aangezien hun eigen munten enorm onderhevig waren aan inflatie. Langsheen de Syrische kust, kenden deze handelsmunten een grote circulatie en waren ze gekend onder de term *esedi* (leeuw) *gurush* of als *aslandi gurush*. *Gurush* is een Ottomaanse verbastering van het Nederlandse woord *groschen* dat grote zilvermunt betekent.

Het succes ging zo ver, dat de British Levant Company hun salarissen vanaf 1666 uitdrukten en uitbetaalden in leeuwendaalders. Zelfs de anders zo chauvinistische Fransen, gebruikten de munt langsheen de Middellandse Zee.

Mogelijk getuigt een zilver teston aangemunt in Nancy door hertog Karel III *de Grote* van Lotharingen (1543-1608), getrouwd met Claude van Frankrijk (1547-1575) dochter van de Franse koning Hendrik II (1519-1559), eveneens gevonden in Tell Tweini, wel van deze Franse handel vóór de komst van de Nederlandse leeuwendaalder.

De voorzijde toont ons een geharnaste buste met het opschrift:

CAROL. D. G. CAL. LOTH. B. GEL. DVX

CAROLus Dei Gratia CALabriae LOTHaringiae Barri GELriae DVX of: "Karel bij de gratie gods hertog van Calabrië, Lotharingen, Bar en Gelderland".

Op de keerzijde zien we een kroon en schild dat heraldisch verwijst naar Hongarije, Napels, Anjou, Sicilië, Jeruzalem, Aragon, Vlaanderen en Gelderland. Het opschrift vertelt ons:

MONETA. NOVA NANCEII. CVSA

Maar nu terug naar de leeuwendaalder, die langzaam de Osmaanse *akçe*, de zilveren standaard van 2,9 gr verdreef, alsook andere traditionele munten zoals de gouden sultani, medin, buqshah, kabir,…(PAMUK 2000: 100)

Deze Europese munten werden exclusief verscheept naar Syrië en gebruikt als betaalmiddel voor luxegoederen en zelfs rechtstreeks doorverkocht aan lokale handelaars en geldwisselaars, in totaal honderden

Fig. 2: Tweini-teston van Karel III van Lotharingen - TWE-A-S-004
(Tell Tweini project – Foto B. Vandermeulen)

schepen goed voor 200 miljoen stuks. Naast dit aantal zijn er ook nog grote hoeveelheden die onofficieel het land werden binnengebracht om hooggeplaatsten om te kopen (PAMUK 2000: 153).

Ondanks hun lage werkelijke metaalwaarde, ten opzichte van de overige Europese daalders, bleven ze enorm populair op de Levantijnse markten. De reden hiervoor ligt verscholen in de kern van het Turkse Rijk zelf. Zolang men omwille van de handelsconcurrentie in oorlog was met Venetië, Spanje, ... kon men weinig doen aan de destabilisatie van de eigen rijksmunten. De oorzaken voor die inflaties waren zeer uiteenlopend, er waren de hoge oorlogsuitgaven, opstanden, fiscale crisissen, de dalende import van goud door Europa, de zilverstroom naar Iran en het Verre Oosten, de stijgende commerciële handel. (PAMUK 2000: 149; BULUT 2001: 69).

Zo was in 1588 een leeuwendaalder 70 *akçes* waard, in 1632 nog 100 *akçes* en in 1691 schommelde dat tussen de 120-160 *akçes* (BULUT 2001: 65-68)! Op een gegeven ogenblik was er zelfs geen aanvoer van zilver meer. De meeste Ottomaanse munthuizen sloten en aan de productie van de zilveren *akçe* kwam virtueel een eind in 1640. Ook kopergeld werd niet langer aangemunt. Aangezien de eigen overheid faalde, konden de Nederlanden optreden als redder in nood, waardoor hun leeuwendaalders zonder grote tegenstand werden aanvaard. Het was beter te beschikken over buitenlandse munten dan over helemaal geen munten (PAMUK 2000: 149).

De leeuwendaalders verschilden in waarde van stad tot stad (BULUT 2001: 177).

Venetiaanse dukaten, Duitse thalers, leeuwendaalders en Spaans zilvergeld circuleerden aan dezelfde waarde, hoewel ze niet evenveel aan zilver bevatten. Dit is een verklaring voor de populariteit van leeuwen-daalder in West-Europa vor het drijven van handel. Door met deze munt te werken, maakte men extra winst. Men kon hem namelijk ontvangen of kopen als een goedkope zilverling en vervolgens spenderen of ver-kopen in het Oosten tegen een duurdere rijksdaalder, dukaat, acht-realer, ...(HAMDAN, ARENT en VAN DER KOOIJ 2006: 24).

In 1609, gaf de Republiek toelating om 100.000 leeuwendaalders aan te munten ten behoeve van de Syrische handel (POL e.a. 2006: 25). Tussen 1612 en 1700 werden er jaarlijks tussen de 0,6 en 1 miljoen leeuwendaalders verhandeld! De piek van Nederlands zilver in omloop in de Syrische wereld is te situeren tussen 1656 en 1669.

Zo vertrok er in 1677 een cargo van 200.000 leeuwendaalders met als bestemming Aleppo (BULUT 2001: 173-174).

Het eerste officiële Nederlandse-Ottomaanse diplomatieke contact werd gelegd in 1612. Zowel politieke als economische belangen lagen aan de basis van deze bilaterale betrekkingen. Het enorme belang van economische relaties lag in beide landen voor de hand. Daarnaast hadden de Islamistische Ottomanen ook nog een politiek en godsdienstig motief: Zij zochten namelijk naar een Westerse bondgenoot tegen de Katholieke Spaanse Habsburgers. De Ottomanen gaven hierbij de voorkeur aan de protestantse tak van het christelijke geloof. De paus had zelf het besluit genomen een embargo op te leggen aan de uitvoer van oorlogsmateriaal richting het Ottomaanse Rijk, op straffe van excommunicatie. Hiervan profiteerden het protestantse Engeland en Nederland als belangrijke wapenleveranciers. Dit is dan ook de belangrijkste context van deze bila-terale relaties. Nadat de Ottomanen vernomen hadden dat de Engelse koning vrede wilde sluiten met Spanje, werden deze betrekkingen verbroken en concentreerden zij zich op de Nederlanden. Vanuit de Verenigde Nederlandse Provincies was er een enorme vraag naar exoti-sche producten: katoen, vlas, rozijnen, indigokleurstof, zijde, graan, specerijen, allerlei houtsoorten, mohair, suiker, koffie, thee, tabak, peper, wolproducten, bijenwas, walnoten, koraal, tapijten, Ottomaanse pijpen,...Vooral de Perzische zijde was zeer gegeerd, de Indische en Chinese in veel mindere mate. Aleppo was toen de bekendste zijdemarkt ter wereld. Vanuit de Verenigde Nederlanden kwamen wijn, haring, kledij, linnen, laken, Iberisch zout, wol, koper, ijzer, lood, tin en dus vooral oorlogsmateriaal zoals zwaarden, geweren, salpeterzuur, buskruit en Zweedse kanonnen. (BULUT 2001: 17-167).

Om deze intensieve handel met de Levant te bespoedigen, waren diplo-matieke contacten met de sultan van enorm belang. In het kader van deze inspanningen werd op 11 mei 1612 orateur Cornelis Haga (1578-1654), gezant van de Republiek der Zeven Verenigde Nederlanden door de Sultan ontvangen. Hij werd de eerste ambassadeur van Aleppo in het Syrische hinterland en verkreeg een capitulatie voor de Nederlanders. Hierdoor werd het hen toegestaan om onder eigen jurisdictie handel te drijven in het Ottomaanse Rijk. Bovendien verkregen zij vrijstelling van bepaalde belastingen (2-3% i.p.v. de gangbare 5%), een beperkt zelf-bestuur, de openstelling van de Syrische havens en de tussenkomst op de Noord-Afrikaanse slavenmarkten. Op 6 juli 1612 werden alle Nederlandse slaven in het Ottomaanse Rijk vrijgelaten zonder vergoeding. Ondanks de vrijheid van transacties in het hele Ottomaanse rijk, werden ze enkel toegelaten in bepaalde havens alsook slechts in specifieke havenkwartie-ren. Maar de invoer van oorlogsmateriaal, tot 30.000 granaten per scheepslading, mocht niet worden gehinderd. Al deze wederzijdse zee-rechten werden hernieuwd in 1634 en in 1680 (BULUT 2001: 99-167).

1672 staat in Nederland geboekstaafd als hét rampjaar. Dat jaar vielen Engeland, Frankrijk, Keulen en Münster de Republiek der Zeven Ver-enigde Nederlanden binnen. Dit was het begin van de Hollandse Oorlog (1672-1678), een oorlog tussen Frankrijk en de viervoudige alliantie van Brandenburg, het Heilige Roomse Rijk, Spanje en de Republiek der Zeven Verenigde Nederlanden. Deze luidde eveneens de teloorgang in van de Nederlandse (internationale) handel. De Engelsen en Fransen kregen respectievelijk in 1673 en 1675 eveneens Ottomaanse handels-rechten en vanaf 1685 nam de havenstad Marseille langzaam de Levan-tijnse handel over (BULUT 2001: 102-186).

Dé volgende Levantijnse handelsvaluta werd de Maria-Theresiathaler, genoemd naar de Habsburgse-Oostenrijkse keizerin (1717-1780). Na haar dood zouden de munten met haar beeltenis normaal uit circulatie worden genomen en vervangen door deze met de beeltenis van haar opvolger. De Levantijnse vraag naar Maria-Theresiadaalders was echter zo groot naar dat haar zoon, keizer Jozef II (1741-1790) toestemde om de munten ver-der aan te maken met de vaste datum van 1780. Hierdoor verkreeg het de status van een handelsmunt (SEMPLE 2000: 3). Deze munt werd in Oostenrijk en Hongarije in 1857 uit circulatie gehaald, maar werd nog steeds geslagen voor de Middellandse Zee handel en dat tot ver in de 20ste eeuw. Officieel zouden er ooit 400 miljoen stuks in omloop zijn gebracht, terwijl hun aantal inclusief imitaties geschat wordt op zowat 600 miljoen stuks (SEMPLE 2000: 40).

Ondanks het, gedurende enkele eeuwen wijdverspreide, Syrische gebruik van leeuwen- en Maria-Theresia daalderszijn er weinig goed beschreven archeologische vondstcontexten gekend. Er zijn enkele munt-schatten met leeuwendaalders gekend in Syrië, Lebanon, Turkije, Pales-tina. Niettemin is dit fenomeen ons vooral bekend uit historische bron-nen en ook omdat de zilvermunten vaak verwerkt werden tot sierraden: haargarnituren, halskettingen en gordels van Oosterse dames. Het is een traditioneel symbool van rijkdom, een alternatief om geld op te potten en het door te geven langs de vrouwelijke tak (HAMDAN, ARENT en VAN DER KOOIJ 2006: 65). Dit gebruik is er hoogstwaarschijnlijk de oorzaak van dat er zo weinig daalders in archeologische contexten worden gevonden. Alsook van het feit dat zulke hoogwaardige zilverlingen haast nooit los worden gevonden maar alleen maar in schatvondsten. Een tweede reden is dat veel van deze zilverlingen door de eeuwen heen omgesmolten werden tot juwelen of andere zilveren objecten.

De Utrechtse leeuwendaalder van Tell Tweini onderstreept de belang-rijke rol die deze specifieke munt heeft gespeeld in het Oost-Meditterane bekken gedurende de 16ᵉ en 18ᵉ eeuw en illusteert verrassend de Euro-pees-Ottomaanse handelscontacten.

3. De Ottomaanse pijpeplakkers

Eén van de ontspanningsmogelijkheden en genotsmiddelen van de doorsnee Ottomaan bestond uit het roken van een pijp (cfr. uitdrukking "roken als een Turk"). Op de meeste archeologische opgravingen wor-den talloze Ottomaanse pijpenkopjes (de *Chibouk*, *Ciunoux* of *Chibouqu*) aangetroffen als de meest verspreide materiële resten uit deze periode. Door hun fragiliteit, werden ze daarom ook vaak bij breuk weggegooid en vervangen door een nieuwe pijp. Voorbeelden afkomstig van Tell Tweini en Tell Kazel weerspiegelen het belang van dit verzetje (Fig. 3).

Op alle continenten werd, nà 1492, tabak geconsumeerden en het rook-gerei ontwikkelde zich in de verschillende regio's op uiteenlopende wijze. Dat gebeurde steeds in het licht van beschikbare grondstoffen, lokale tra-dities, modes en persoonlijke smaak.

Typerend voor de oosterse Ottomaanse pijp is de zogenaamde man-chetkop voorzien van een steel van slechts een paar centimeter en eindi-gend in een verstevigde band. In deze band werd een gescheiden roertje van een duurzaam materiaal, zoals riet, hout, been of zelfs lood gestoken. Hierdoor werd de pijp minder breukgevoelig.

De pijpenkop is meestal vervaardigd uit een lichtgrijze, enigszins poreuze klei die betrekkelijk zacht is gebakken. Hierdoor biedt het een

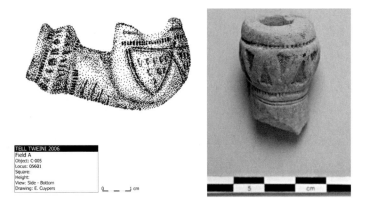

Fig. 3: Twee pijpenkopjes - TWE-06-A-05601-C-005 en TWE-07-
A-03301-M-001 (Tell Tweini project – Tekening E. Cuypers en
Foto B. Vandermeulen)

maximale absorptie van de bij het roken vrijkomende teer- en nicotine-
sappen waardoor men aangenaam droog en dus smaakvol kon roken
(DUCO 2003).

De vervaardigingstechniek van zo'n Ottomaanse pijp wijkt sterk af van
de nog fragielere Belgische. Bij ons werd de kaoline kleipijp in twee mallen gedrukt en nadien aan elkaar geplakt, terwijl de Ottomaanse pijp,
zowel de kop als de steel, op een draaischijf werd gevormd. De steel werd
apart gedraaid, waarna de twee onderdelen met wat vochtige klei aan
elkaar werden geplakt. Vervolgens werden de ontstane naden zorgvuldig
gladgestreken. Vaak werd er ook een decoratie aangebracht, die de laatste sporen van het "verlijmen" van de beide onderdelen onzichtbaar
maakte. De decoratie was overheersend ornamenteel, wat aansluit bij de
traditie dat het aanbrengen van mens- en dierfiguren in het Rijk niet
gepast was.

Helaas is verder over de productie van pijpen in deze streken weinig
literatuur voorhanden (DUCO 2003). Er zijn types bekend die over heel het
Ottomaanse Rijk verspreid zijn en vermoedelijk geproduceerd werden
door gespecialiseerde gilden naast de regionale centra en de lokale pot-
tenbakker-pijpenplakker (WARD en BARAM 2006: 155).

Een sluitende chronologie is nog niet vastgesteld. Dat komt door de
geringe aandacht die men tot nu toe aan de geschiedenis van de kleipijp
besteed heeft.

Vergelijkbare pijpen zijn ook terecht gekomen in België en Nederland.
Talloze zeelui uit de Noordelijke en Zuidelijke Nederlanden zullen ver
van huis hun ogen goed de kost hebben gegeven bij het zien van het

lokale rookgerei, wat dikwijls zal geleid hebben tot de aanschaf van een dergelijke ongewone Ottomanse pijp als opmerkelijke reissouvenir.

Op zich is een dergelijke Ottomaanse pijp, een gewoon serieel artikel gemaakt in een gevestigde pijpennijverheid en geldt het in de streek van oorsprong als een algemeen gangbaar gebruiksartikel. Pas overgebracht naar een ander gebied, ver van de productieplaats, wordt het voorwerp een curiosum zoals bij ons, louter vanwege de zeldzaamheid (DUCO 2003). Ze zijn een typevoorbeeld van curiosa die zeelieden en reizigers meebrachten na hun omzwervingen in het Ottomaanse Rijk.

4. Bibliografie

BULUT M. 2001. *Ottoman-Dutch Economic Relations in the Early Modern Period 1571-1699*. Hilversum.

DUCO H. 2003. *Een exotische pijp uit Schermerhorn. Stichting Pijpenkabinet Amsterdam*.http://www.pijpenkabinet.nl/Artikelen/Exotische pijp uit Schermerhorn/art-exotische pijp uit Schermerhorn.html

HAMDAN T., ARENT P. en G. VAN DER KOOIJ. 2006. *A Hoard of Silver Coins at Qabatiya, Palestine*. (Khirbet Bal'ama Archaeological Project, volume IV). Ramallah.

PAMUK S. 2000. A monetary history of the Ottoman Empire. Cambridge.

SEMPLE C. 2005. *A silver legend: the story of the Maria Theresa Thaler*. Manchester.

VAN GELDER J. 1970. *De Nederlandse munten*. Utrecht/Antwerpen.

Voet G. 2008. A Silver Coin, named 'Leeuwendaalder'. In *In Search of Gibala*, eds. J. Bretschneider en K. Van Lerberghe. Barcelona. (In druk)

WARD C. en U. BARAM. 2006. Global Markets, Local Practice: Ottoman-period Clay Pipes and Smoking Paraphernalia from the Red Sea Shipwreck at Sadana Island, Egypt. *International Journal of Historical Archaeology 10*: 135-158.

Organisatie tentoonstelling
Studentenkring Alfa i.s.m. Centrale Universiteitsbibliotheek K.U.Leuven

Algemene coördinatie
Elise Duflou, Glenn De Nutte, Dries Van Langendonck

Wetenschappelijk advies
Prof. Dr. E. Gubel en Hendrik Hameeuw

Realisatie
Elise Duflou, Glenn De Nutte, Dries Van Langendonck, Hendrik Hameeuw
met medewerking van de archeologiestudenten K.U.Leuven

Met dank aan
Mevr. Erna Mannerts, de heren Marc Derez, Staf Kamers, Gerry Gerits,
Mark Ronsmans en andere personeelsleden van de Universiteitsbibliotheek
Bruno Vandermeulen (Fotografie)
Prof. Dr. Eric Gubel (Koninklijke Musea voor Kunst
en Geschiedenis Jubelparkmuseum Brussel)
Prof. Dr. Johan Van Heesch (Het Penningkabinet
van de Koninklijke Bibliotheek van België, Brussel)
Piet De Gryse (Conservator Koninklijk Museum van het Leger
en de Krijgsgeschiedenis)
Prof. Em. Dr. Arnold Provoost
Vincent Verbrugge (Directeur Nationaal Tabaksmuseum Wervik)
Else Hartoch en Huberte Renaers (Gallo-Romeins Museum Tongeren)
Marleen Smets en Veronique Vandekerchove (M van Museum Leuven)

Met financiële steun van
Leukam: Leuvense kunsthistorici, archeologen en musicologen
P.O.C. Archeologie, kunstwetenschappen en musicologie
P.O.C. Taal-en regiostudies
Commissie Cultuur K.U.Leuven
Centrale Universiteitsbibliotheek K.U.Leuven